민중의 역사를 기억하라:
저항과 혁명의 포스터

민중의 역사를 기억하라:
저항과 혁명의 포스터

초판 1쇄 인쇄 2018년 1월 25일 / 초판 1쇄 발행 2018년 1월 30일
편집 조시 맥피 / 서문 리베카 솔닛 / 옮김 원영수
펴낸이 이영선 / 편집 이사 강영선 김선정 / 주간 김문정
편집장 임경훈 / 편집 김종훈 이현정 / 디자인 헤이조(조현열, 조태용)
독자본부 김일신 이호석 김연수 박정래 손미경 김동욱
펴낸곳 서해문집 / 출판등록 1989년 3월 16일(제406-2005-000047호)
주소 경기도 파주시 광인사길 217(파주출판도시) / 전화 (031)955-7470 / 팩스 (031)955-7469
홈페이지 www.booksea.co.kr / 이메일 shmj21@hanmail.net

ISBN 978-89-7483-909-3 03900
값 22,000원

이 도서의 국립중앙도서관 출판시도서목록(CIP)은 e-CIP 홈페이지
(http://www.nl.go.kr/ecip)에서 이용하실 수 있습니다.(CIP제어번호: CIP2017035517)

Copyright @ Josh MacPhee originally published in English by
the Feminist Press in 2010

Korean Translation Copyright @ 2017 by Booksea Publishing Co.
Korean edition is published by arrangement with The Feminist Press, New York.

민중의 역사를 기억하라:
저항과 혁명의 포스터

Celebrate People's History:
The Poster Book of Resistance and Revolution

조시 맥피 편집
리베카 솔닛 서문
원영수 옮김

한국어판 서문

이 책이 인쇄에 들어갈 때쯤이면 '민중의 역사를 기억하라' 프로젝트는 20주년을 맞는다. 포스터를 만드는 데 바친 지난 20년은 '자유와 평등을 위해 투쟁해왔지만 주류 역사 기술에서 배제된 개인과 집단의 이야기'였다. 동시에 역사는 단지 전문 역사가가 아니라 우리 모두에 의해 쓰이는 것임을 증명하는 20년이었다.

각각의 포스터는 우리 과거에 대한 누군가의 해석을 의미한다. 어떤 포스터는 성공한 '전문' 작가의 창작물인 반면, 또 어떤 작가의 포스터는 대량으로 생산해 배포하려고 만든 가벼운 작품이다. 어떤 포스터는 꼼꼼하게 연구해서 만든 반면, 어떤 포스터는 주제에 대한 감정적 반응으로 제작했다. 하지만 모두 과거 민중의 저항을 표현했으며, 포스터를 보는 우리가 그 역사를 이해하고 인정하기를 바란다. 일부 포스터에는 오류가 있고, 또 어떤 포스터에는 논쟁의 여지가 있는 해석이 포함돼 있다. 그러나 이것 역시 중요하다.

우리는 단순한 하나의 길을 따라 지금 이곳까지 온 것이 아니다. 도로의 모든 포장석이 서로 정확히 일치하는 방향으로 향하게 할 방법은 없다. 이 책에 기록된 역사를 통한 경로는 불완전한 것이었다. 거기에는 움푹 팬 곳과 막다른 골목, 여기저기 현기증 나는 경사로가 놓여 있었다. 나는 이 불완전함 때문에 오히려 가능한 한 많은 사람이 이 길을 함께 갈 수 있기를 희망한다. 역사는 부와 권력을 가진 사람만이 아니라, 모든 사람의 영역이어야 한다.

나는 항상 '민중의 역사를 기억하라' 프로젝트가 우리만의 것이 아니라, 국제적인 성격을 가진다고 생각해왔다. 따라서 이 책이 한국에서 번역돼 출판된다는 사실은 정말로 신나는 일이다. 독자 여러분도 알게 되겠지만, 이 책의 포스터는 30개국이 넘는 나라에서 일어난 이야기를 10개국 이상 출신의 작가와 디자이너가 만들어낸 것이다. 물론 영어 사용자와 미국 중심의 편견이 담겼을 수도 있다. 하지만 한국어판 출판이 이런 점을 변화시키는 데 도움이 될 것이다. 나는 세계인에게 각자 '민중의 역사를 기억하라' 프로젝트를 시작해보라고 권하고 싶다. 혹 우리 시리즈에 참여하기를 원한다면 연락 주길 바란다.

조시 맥피 Josh MacPhee
2017년 11월

서문

혁명과 사회적 격변의 시기에는 거리의 벽도 소리 높여 외친다. 조지 오웰은 에스파냐 내전 시기의 바르셀로나에 대해 이렇게 썼다. "모든 곳에 혁명 포스터가 붙어 있다. 벽에서 선명한 붉은색과 푸른색의 불길이 타올라, 몇 장 남아 있는 광고 포스터가 마치 진흙 칠을 한 것처럼 너저분하게 보인다." 2006년 멕시코의 와하카 코뮌이 진압된 후 와하카시의 곳곳은 혁명적 슬로건 위에 덧칠한 회색 페인트로 지저분해졌다. 혁명 진압은 필연적으로 거리의 목소리와 벽 위의 말까지 억압한다.

혁명은 희망과 권력을 향해 깨어나는 순간이며, 해방된 정신은 여러 방향으로 발산된다. 혁명이 일어나면 대개 포스터가 등장한다. 포스터, 벽화, 낙서의 등장은 혁명을 발전시킨다. 아니면 최소한 혁명의 재에 숨길을 불어넣어 다음 혁명까지 불씨를 살려놓는다. 바로 그런 이유 때문에 진압자는 미화 사업이라는 미명 아래 탄압을 가해 조직적으로 침묵을 만들어내려고 애쓴다. 로스앤젤레스에 사는 화가 샌도 버크 Sandow Birk는 초기 작품에서 샌퍼낸도밸리에 사는 한 집주인이 스프레이로 그림을 그리는 10대 라티노 소년 두 명을 등 뒤에서 쏴 죽인 사건을 표현했다. 그 집주인은 자기방어라고 주장했다. 그는 자경단에 소속된 폭력배나 마찬가지였다. 자경단원으로서 그가 방어한 것은 자신의 안전이 아니라, 라티노 아이들의 현실에 맞선 그 자신의 현실이었다. 또 광고판해방전선 Billboard Liberation Front과 같은 그룹의 광고판 훼손은 기업으로부터 공적 영역을 되찾는 행동이며, 공적 영역에 급진적 상상력을 부여하는 행위다.

벽이 깨어나면 우리는 우리가 누구이고 어디에 있으며, 누구의 어깨를 딛고 서 있는지 알게 된다. 벽은 우리가 세상을 여행할 때 우리에게 말을 거는 장소가 된다. 벽은 우리가 혼자가 아니라고, 전에 다른 사람도 다녀갔고 우리 앞엔 희망이 있다고 말해준다. "나는 존재한다, 나는 여기에 있다"와 같은 가장 기초적인 낙서는 거의 존재 자체가 허락되지 않는 젊은이를 위한 전복적 성명이다. 그래서 조시 맥피는 엠마 골드만, 그레이스와 지미 보그스, 사파티스타, 와하카 코뮌, 하이랜더 민중학교의 포스터를 도시 전역에 붙였다. 낙서와 포스터는 말한다. 우리는 존재했고, 존재한다고. 여러분은 혼자가 아니고, 과거는 살아 있으며, 가능한 한 미래를 향해 생명의 숨을 쉬고 있다고.

지난 10년 동안 인터넷 발달로 많은 사람이, 너무나 많은 사람이 인터넷은 그 자체로 공적 공간이며, 인터넷이 도시의 거리 광장 같은 공적 공간을 대체할 것이라고 생각하게 됐다. 그러나 우리가 1999년 시애틀 봉기나 사파티스타로부터 배운 것은 가상의 공간이 현실에 실재하는 공적 공간, 즉 타인과 공존하는 공간, 혁명이 전개됐던 민주적 공간, 몸이 활동하는 실제 공간의 보조물일 뿐이라는 것이다. 많은 경우 혁명은 거리라는 지리적 특성을 가지며, 우리 정신뿐 아니라 우리가 삶을 살아가는 실제적 공간을 해방한다. 여러분은 무엇보다 다른 방식의 삶을 살 수 있으며, 그런 것을 가능하게 하는 공간이 중요하다. 따라서 거리는 여전히 중요하다.

1999년 시애틀에서 열린 세계무역기구 WTO 반대 시위는 이메일과 인터넷 포스팅으로 조직된 초기 형태의 전 지구적 행동 중 하나였다. 그것이 중요했던 것은 한국과 프랑스, 미국 서부에서 온 사람들이 시애틀에 모여서 세계를 팔아먹는 회의를 몸으로 막고, 함께 위험과 희망을 공유하며 저항했기 때문이다. 민주주의는 몸으로 체현되어야 한다. 그것이 바로 민주주의가 항상 지리적 차원을 갖는 이유다. 또 이것이 거리의 포스터가 지금까지와 마찬가지로 오늘날에도 중요하다는 사실을 알려주는 이유다. 10년도 훨씬 전에 나는 이런 글을 썼다.

"상징적이면서 동시에 실제적 영역인 자기 도시에 익숙한 사람만이, 즉 자기가 사는 도시에서 다른 사람과 함께 걷는 데 익숙한 사람만이 반란을 일으킬 수 있다. '자유롭게 모일 수 있는 민중의 권리'가 민주주의의 요체로서 언론, 출판, 종교의 자유와 함께 미국 수정헌법 제1조에 포함돼 있음을 기억하는 사람은 별로 없다. 다른 권리에 대해서는 쉽게 인식하지만, 도시 설계나 자동차 의존, 기타 요인으로 인한 집회는 그런 집회를 막기 위한 시도가 있다 해도 알아차리기 힘들 뿐 아니라, 집회 자체도 시민권의 문제로는 거의 제기되지 않는다. 그러나 공적 공간이 제거된다면 궁극적으로 대중도 제거되며, 개인은 동료 시민과 함께 경험하고 행동할 수 없게 된다. 시민권은 민주주의가 타인에 대한 신뢰에 기초한 것과 마찬가지로, 타인과 무언가를 공유한다는 것에 기초를 둔다. 그리고 공적 공간은 우리가 타인과 공유하는 공간이며, 분리되지 않는 공간이다. 공동체적 사건에서 추상적 개념인 대중은 실재하는 구체적 실체가 된다."

앞에서 언급한 시위와 같은 일은 실제 공간과 그 안에 존재하는 대중을 필요로 하며, 그런 장소와 감수성을 키우는 행위는 '필연적인 어떤 것'을 진정으로 살아 있게 한다.

오늘날 우리는 공적 공간이 줄어드는 시대에 살고 있다. 공적 공간이 줄어드는 이유로는 최소한 세 가지를 꼽을 수 있다. 첫째, 미국에서는 아주 많은 사람이 교외 지역에서 살기 때문이다. 교외 지대는 도보 생활보다 자동차에 기반을 둔 공간이므로 차를 타야만 대체로 이동이 가능하다. 따라서 집에서 나와 차를 타고 사무실과 쇼핑몰 주차장으로 직행함으로써 사람들이 모이는 공적 공간이 필요 없어지게 된 것이다.

둘째, 오래된 공적 공간에서도 사람들은 서둘러 지나갈 뿐, 그런 공간이 있는지조차 알아차리지 못하기 때문이다. 한 문화권에서 별미로 여겨지는 음식이 다른 문화권에서는 구역질나는 찌꺼기로 여겨지는 것과 마찬가지로, 공적 공간도 그렇다. 유럽의 많은 곳에서 공적 공간은 시민을 위한 우아한 복지 공간이 되지만, 미국에서는 대개 노숙자가 차지하고 있다. 우리가 이런 곳의 가치를 인식하지도, 높이 평가하지도 않을 때 이 공간은 버려진 상태가 된다. 비가 온 다음 싹을 틔우는 씨앗처럼 어떤 거대한 사회적 대홍수가 다시 이 공간을 깨울 수 있기는 하지만 말이다.

마지막으로, 공적 공간은 더 많은 감시와 통제의 대상이 되기 때문이다. 그래서 정치집회나 민주주의 역사의 결정적 순간이 벌어지더라도 그저 지면상으로 항의할 뿐이다. 지금은 감시 카메라가 창궐하고 새로운 탄압 기술이 개발되는 시대다. 하지만 시민사회와 그 연장으로서의 민주주의는 공적 삶에 의존한다. 삶은 감시와 탄압 장치에 가로막혀 질식 직전에 놓여 있지만, 농민에서 라티노에 이르기까지 많은 사람의 저항으로 다시 깨어난다.

이런 이유 때문에 공적 공간을 되살리기 위한 급진적인 역사 포스터 시리즈를 전국에 전파하는 조시 맥피의 노력이 중요하다. 그의 노력은 작은 몸짓에 불과할지 모르지만, 민주주의와 시민사회는 이 작은 몸짓이 쌓이고 쌓여 이루어진다. 나는 오랫동안 도시 공간 속을 걷는 사람을 생각해왔다. 그들이야말로 변혁을 이루어낼 거대한 잠재력을 갖고 있다. 벽에 포스터를 붙이는 것은 누군가 공적 공간을 위해 하는 일과 똑같다. 즉 권력과 희망의 불씨를 살려놓는 일이다. 개인이 모여 시민사회를 이루는 것처럼 과거의 영웅과 역사적 순간에 대한 개인적 기억이 응집돼 급진적 현실이 형성되고, 그에 기초해 급진적 미래가 건설된다.

리베카 솔닛 Rebecca Solnit
2010년 6월

한국어판 서문	5
서문	7
들어가며	15

저항과 혁명의 포스터

디거파	26
푸에블로 반란	28
영국인에게서 도피한 자메이카 탈주 노예	30
스토노 반란	32
존 브라운	34
아이티 혁명	36
프레더릭 더글러스	38
세쿼이아와 체로키 문자 체계	40
엘리제 르클뤼	42
지하철도 The Underground Railroad	44
치페와 인디언의 '작은 조개 부족 The Little Shell Band'	46
해리엇 터브먼과 콤바히강 전투	48
리틀빅혼	50
아우이소테의 아들	52
메이데이	54
헤이마켓	56
흰 모자	58
홈스테드 Homestead 전투	60
유진 데브스	62
1869–1870년과 1885년, 가브리엘 뒤몽과 메티스의 저항	64
엠마 골드만	66
마리 에퀴 박사	68
메이저 테일러	70
몰리 잭슨 아줌마	72
프리모 타피아 드 라 크루스	74
엘리자베스 걸리 플린	76
폴 로브슨	78
붉은 연맹	80
로렌스 직물 파업	82
캘러머주 코르셋 회사 파업	84
IWW 제8지부	86
루이즈 올리베로	88
딜 피클 클럽	90
사코-반제티 사건	92
아마존 군대	94
적란회	96

블레어마운틴 전투	98
침대열차승무원협회	100
아우구스토 세사르 산디노	102
보너스 행진대	104
하이랜더 포크 스쿨	106
펀스턴 500	108
자유여성	110
플린트 연좌농성 파업	112
두루티 부대	114
디즈니 만화영화 제작 노동자 파업	116
백장미	118
해리 헤이	120
그레이스 리와 지미 보그스	122
제임스 볼드윈	124
제인 제이콥스	126
누에바 칸시온	128
마츠펜	130
엘 하즈 말리크 샤바즈	132
돌로레스 우에르타	134
무하마드 알리	136
콤프턴스 카페테리아 폭동	138
브라운 베레	140
다지 혁명적 노동조합운동	142
젊은 예수 조직	144
벽에 박아, 씹 새끼들아	146
밀워키 14인	148
인터내셔널 호텔	150
프레드 햄프턴	152
앨커트래즈 점거	154
라사의 7인	156
실비아 라이 리베라	158
제인	160
포드 홀 점거	162
월터 로드니	164
오스 캉가세이루스	166
전국재소자개혁협회	168
레즈비언 역사 문서보관소	170
자살 클럽	172
교도소 정의의 날	174
동물해방전선	176
5월 광장 어머니회 Madres De Plaza De Mayo	178

크래스	180
왕가리 마타이	182
어머니위원회	184
부가업	186
아사타 샤쿠르의 도피	188
침묵하는 다수	190
비공식 재활용자	192
풀란 데비	194
시코 멘지스	196
주디 배리	198
어댑트	200
애리조나 광산 대파업	202
동부 로스앤젤레스 어머니회	204
액트업 필라델피아	206
8.8.88	208
톰킨스스퀘어공원 Tompkins Square Park 전투	210
아웅 산 수 치	212
자나 산스크리티	214
나르마다 바차오 안돌란	216
전국농민회총연맹	218
세라 화이트와 델타 프라이드 파업	220
적군파의 바이터슈타트 교도소 건설 현장 공격	222
사파티스타 민족해방군 EZLN	224
미스틱 학살 조각상의 이동	226
코차밤바 물 전쟁	228
J18, 자본주의에 맞선 카니발	230
비에케스 해방	232
샌프란시스코 봉쇄	234
섀넌 공항의 보습	236
아텐코를 사수하라	238
와하카 여성의 저항	240
EDO/ITT 봉쇄	242
이민자 단속과 추방에 맞선 청년의 저항	244
제임스 볼드윈	246
카브랄	248
코리타 켄트	250
가산 카나파니	252
작가 소개	255

일러두기
'들어가며'의 주는 원주로, *로 표시했다.
본문 속 숫자로 표기된 주는 모두 옮긴이의 주다.

들어가며

1998년 어느 날 자정 무렵 우리는 시카고 웨스트사이드의 매디슨 거리를 눈에 띄지 않게 조심조심 걸어가고 있었다. 그곳은 1950년대부터 1960년대 초반까지 번성했던 흑인의 도시와는 전혀 다른 유령도시처럼 보였다. 몰트위스키 광고가 거리의 유일한 이미지였다. 우리는 끈적거리는 풀통과 포스터 묶음, 긴 막대 솔을 들고 천천히 걸어가면서 상점 전면과 광고판을 맬컴 엑스 Malcolm X의 이미지로 덮었다. 이 CPH(Celebrate People's History, 민중의 역사를 기억하라) 포스터를 붙이고 10분쯤 지나자 몇몇 사람이 관심을 보였다. 그들은 우리에게 다가와 자기 집에 붙이거나 아이와 친구에게 나눠줄 포스터를 달라고 부탁했다. 실제로 많은 행인이 우리 손에서 풀통을 빼앗아 포스터 붙이는 일을 열정적으로 도왔다.

이 경험은 나에게 기적 같은 것이었다. 우리가 민중의 관심, 역사, 열망을 다루는 예술 작품을 만들어 공적 공간으로 가져가기만 하면, 사람들이 실제로 참여한다는 것을 알게 됐다. 거리는 정치적 대화가 없는 죽은 공간이 아니다. 오히려 거리는 강력한 대화가 시작되는 장소이며, 예술이 그것에 중요한 역할을 할 수 있다.

첫 CHP 포스터인 맬컴 엑스 포스터 제작은 시카고 공립학교 교사인 내 친구 리즈 고스와 대화를 나누다가 시작된 일이다. 우리가 맬컴 엑스를 주제로 선택한 것은 그가 미국의 중요한 정치적 인물이기 때문만은 아니고, 리즈가 발견한 다음과 같은 문장 때문이기도 했다.

"우리가 우리 과거에 관한 지식으로 무장한다면, 우리는 우리 미래의 경로를 설정할 수 있다. 우리가 어디에 있었는지 안다면, 우리가 현재 어디에 있는지 알 수 있고 어디로 가길 원하는지 예상할 수 있다."*

여러 면에서 역사가 우리 일상생활에 존재하도록 만든다는 이 생각은 이 프로젝트에 대한 내 임무를 완벽하게 요약해준다. 나는 사람들이

---

* 이 인용문은 맬컴 엑스의 아프리카계 미국인 단결기구 Organization of Afro American Unity가 발표한 정치적 성명에서 차용한 것이다. 원문은 다음과 같다. "우리의 과거에 관한 지식으로 무장하면, 우리는 자신 있게 우리 미래의 경로를 설정할 수 있다. 문화는 자유투쟁에서 필수불가결한 무기다. 우리는 이것을 움켜쥐고 과거와 함께 미래를 만들어야 한다."

첫 CHP 포스터의 리놀륨 판화

무언가를 사거나 어딘가로 갈 필요나 의무 없이 역사와 접촉하고 정보를 공유할 수 있기를 원한다.

#

현재 좌파의 정치 포스터는 1960년대부터 발전한 것이다. 쿠바의 국제 연대 단체인 '아프리카, 아시아 및 라틴아메리카 민중연대 OSPAAAL'는 기관지 «삼대륙 Tricontinental»에 포스터를 접어 넣는다는 기발한 생각을 해냈다. 이 잡지는 전성기에 여러 언어로 번역돼 80개국 이상에 배포됐다. 곧 이 포스터는 전 세계 대학생 기숙사의 벽을 화려하게 장식했다. 1960년대 말 프랑스에서 멕시코에 이르기까지 10여 개국의 정치운동은 산만하지만 효율적인 공동체를 형성했고, 학생이 운영하는 인쇄소는 새로운 시각 이미지를 폭발적으로 생산해냈다.

CHP 포스터는 대량으로 생산되어 배포되는 정치 선전의 DIY(do it yourself) 전통에 뿌리를 둔다. CHP 포스터는 극히 제한된 자원으로 생산되는데, 이는 포스터의 미학에 반영된다. 포스터는 대부분 2도 인쇄(비싼 4도 인쇄와 달리)로 값싼 무광 용지에, 대개 오래된 아날로그 오프셋 장비로 인쇄했다. 매끈한 광택지에 인쇄된 고급 디지털 이미지와 달리, 입체감이 있어 손으로 만들었다는 느낌을 준다. 이런 식으로 만든 포스터는 파업 중인 학생이 운영하는 작업장의 거친 스크린 인쇄물이거나 라틴아메리카 혹은 아프리카의 혁명가가 지하 인쇄소에서 급하게 제작했을 법한 불법적 포스터와 커다란 미학적 친화성을 갖는다.

CPH 포스터는 오늘날 미국에서 만들어지는 전형적인 정치 포스터와 몇 가지 중요한 점에서 다르다. 좌파 포스터는 재난이나 실패를 형상화하는 오랜 전통이 있는데, 이는 정치인의 잘못된 결정으로 인한 결과를 이미지화하거나 상상하고, 또는 어떤 과거나 현재의 잔학행위를 상기하는 기제로 작동한다. 예를 들어 2000-2008년에 만들어진 조지 부시 반대 포스터나 1970년대 이후 반전활동가가 제작한 불길한 버섯구름이 그려진 반핵 포스터를 떠올려보라. 간단히 말해서 이런 포스터는 오늘날 세계가 처한 문제의 우울하지만 중요한 상징이라고 할 수 있다. 또 다른 유형의 정치 포스터는 확실한 적에 대한 즉각적인 무장을 호소하는, 즉 대의나 항의를 위해 대중을 집결시키는 것이 목적이다. 최근의 사례로, 반전 집회에 내건 텍스트 중심의 호소 포스터 같은 것이 있다.

정치 포스터가 과거에 대한 기억에 초점을 맞추는 일은 드물다. 물론 그런 일이 있다 해도 거의 극소수의 위인에게 초점이 맞춰진다. 그것도 마틴 루서 킹 2세, 간디, 체 게바라, 넬슨 만델라 등 거의 전부 남성이다. 그래서 나는 사회 정의를 위한 투쟁의 역사에서 성공적인 순간을 살려내는 다양한 포스터를 만들기로 결심했다. 그리하여 화가와 디자이너에게 역사를 관통해 영감을 주는, 즉 보다 평등하고 정의로운 세계를 창조하기 위한 인류의 집단적 투쟁에 기여한 사건, 그룹, 사람을 찾아봐달라고 부탁했다.

사실 나는 무정부주의자지만, CHP 프로젝트는 비정파적 에큐메니컬 운동으로, 공산주의에서 민족해방, 자유주의, 무정부주의에 이르기까지 다양한 정치적 전통에서 비롯된 활동과 역사적 순간을 한데 모으는 작업이다. 포스터는 작가의 주관적 입장에서 이야기를 한다. 대개 낙오자나 주변인의 이야기이고, 주류 역사에서 벗어난 것이다. 어떤 화가는 엄청나게 연구를 해서 할 수 있는 모든 내용을 찾은 반면, 어떤 작가는 책 한 권 보지 않고 관심을 자극하는 대화에서 영감을 얻었다. 또 간단히 온라인으로 연구를 한 다음 바로 작업에 들어가기도 했다. 이 책과 포스터 시리즈의 목적은 정해진 역사를 말하려는 것이 아니라, 과거에 대한 새로운 관계를 제시하려는 것이다.

포스터가 전하는 얘기 중 일부는 유명한 것이다. 많은 사람이 엠마 골드만(리투아니아 출신의 혁명가이자 무정부주의자), 프레더릭 더글러스(미국의 노예제 폐지론자), 해리엇 터브먼(노예해방운동가이자 인권운동가)을 안다. 그러나 터브먼이 여성으로만 구성된 부대를 이끌고 콤바히강 전투를 벌였다는 사실은 얼마나 알고 있을까? 우리는 이 개별적인 남녀 영웅을 알지만, 역사는 단순히 위대한 주인공의 집합체가 아니다. 역사는 사회적 직물 織物이자 행동과 반동의 연대기적 직물이며, 협력하고 갈등하는 사람의 집합체다. 얼마나 많은 사람이 '흰 모자 Las Gorras Blancas'의 활동이나 1970년대 매사추세츠주 월폴 교도소의 재소자 그룹에 대해 알고 있을까? 이들은 자신들을 가둔 감옥을 실질적으로 운영했다. 많은 사람이 존 브라운과 하퍼스페리 무장 공격에 대해 안다. 그러나 브라운과 헨리 데이비드 소로의 관계를 아는 사람은 얼마나 있을까? 소로는 자유주의적 비폭력운동의 창시자로 알려진 인물이다. 하지만 그는 폭력에 대해 훨씬 더 복잡한 사고를 했고, 개인적 공격보다 더 커다란 악, 즉 노예제 같은 악이 존재한다고 믿었다. 브라운과 소로를 과거로 되돌려 대화하게 한다면, 그들은 우리가 정치를 이해하는 방식에 역사가 어떻게 영향을 미치는지 보여줄 수 있을 것이다.

#

거리에서 우리는 날마다 진화하고 변화하는 밝은 색의 광고, 표지판, 상업용 디스플레이의 끝없는 폭격에 노출돼 있다. 우리가 보는 것의 대부분은 일종의 명령이다. "이것을 사라!" 아니면 "이 사람처럼 돼라!" 이렇게 포화된 시각 지형에서 살면서 우리는 어떻게 움직이는 공간의 과거를 이해할 것인가? 어디에서 역사를 배울 것인가? 중요한 사건이 일어났던 물리적 공간은 버려지고 매매되고 파괴되고, 아니면 하나의 기념물로 만들어진다. 그 기념물은 말을 탄 남성의 조형물이든, 건국의

1982년 OSPAAAL
스크린 인쇄 포스터
디자인: 알베르토
블랑코 곤살레스
Alberto Blanco
Gonzáles

플렙 분리 CPH 포스터
디자인: 아트 헤이즐우드
Art Hazelwood

시카고 거리의 CPH 포스터

브루클린 거리의 CPH 포스터

아버지가 보존된 집이든 역사를 알기 위한 의도에서 비롯되지만, 실상은 대부분 역사를 화석으로 만들어버린다. 기념물은 생명을 잃고 과거의 물건이 된다.

거리 예술은 과거를 상기시키는 기념비와 현재를 말하는 광고판 사이의 좁은 공간을 탐색함으로써 전혀 다른 것이 될 수 있다. CPH 프로젝트는 역사와 공적 공간에 대한 일련의 질문을 명확히 제기한다. 즉 거리는 우리가 누구이며, 어디에서 왔는지 이해하는 데 도움이 되는 개념과 정보의 역동적 갤러리가 될 수 있는가? 이 갤러리는 석회화, 변색, 균열 대신에 진화하고 변화해 새로운 개념, 이미지, 대화를 위한 공간을 마련할 수 있는가? 시카고의 첫날 밤 이후 CHP 포스터는 필라델피아, 내슈빌, 샌프란시스코, 브루클린, 포틀랜드와 수십 개의 다른 도시에도 붙여졌다. 포스터를 붙이러 갈 때마다 나는 더 많은 것을 알고자 하는 이들의 이메일을 받는다. 거리는 이런 질문을 하는 장이 될 수 있고, CHP 포스터는 그 질문에 답하는 일을 할 수 있다.

#

내 친구 리즈는 이 프로젝트를 도와주면서 동시에 교사가 되기 위해 공부하고 있었다. 그녀는 교육자를 위한 급진적인 정치 자료가 부족하다고 말했다. 실제로 첫 번째 포스터가 인쇄된 직후 여러 교사가 찾아와 교실 포스터를 부탁하기 시작했다. 그들이 포스터에 관심을 갖게 된 이유는 두 가지다. 하나는 교실에서 직접 사용할 교구로서의 포스터가 필요하다는 것이고, 다른 하나는 교장을 열 받게 하려면 교실에 포스터를 붙일 필요가 있다는 것이다. 전자가 더 중요한 것 같지만, 솔직히 후자도 좋은 것 같다. 분명히 학교에서는 이데올로기적 전투가 일어날 필요가 있으며, 그 투쟁에서 포스터가 제 역할을 한다면 멋진 일이다.

포스터가 커리큘럼의 일부가 되고, 그 포스터를 가지고 수업한다는 건 정말 멋진 일이다. 나는 여러 학교에 가서 CHP 포스터를 보여주고, 이것을 참고로 아이들에게 포스터를 그리게 했다. 피츠버그의 한 예술학교(CAPA)는 판화 수업 시간에 학생들에게 포스터를 만들도록 해서 놀라운 결과를 얻었다. 밀워키 예술디자인 대학 MIAD의 학부 색상 이론 수업에서는 디자인 작업에 필요한 듀오 톤 사용이나 색상 조절을 실습하기 위해 CHP 포스터를 사용했다.

몇 년 전 나는 포스터 시리즈에 관해 강의를 하던 중이었는데, 교사 과정 수업을 받는 한 대학원생이 다가왔다. 그녀는 포스터를 처음 본 것이 거의 10년 전 초등학교 교실에서였다고 했다. 그 후 그녀는 지금까지 계속 포스터와 마주했고, 이제 미래에 하게 될 수업에서도 포스터를 이용하려 한다고 말했다. 나는 포스터가 학교에서 다루는 지배적 담론을 교정하는 데 작은 역할을 계속할 수 있기를 바라며, 더 많은 교사가 과거를 이해하는 대안적 방식에 학생을 참여시키길 희망한다.

#

이 프로젝트의 초기 자금인 인쇄비를 마련하기 위해 나는 일을 해서 돈을 모았다. 오프셋 인쇄는 비교적 저렴해서 약 2000장의 포스터를 600달러에 인쇄할 수 있다. 이 프로젝트가 10년을 넘어서면서 수천 장의 포스터를 팔 수 있었고, 이제는 수지타산을 맞출 수 있게 됐다. 내 바람은 항상 포스터를 저렴하게 만들어 최대한 많은 사람이 접근하게 하는 것이다. 포스터는 장당 2–5달러이며, 여러분은 온라인(https://justseeds.org) 또는 해마다 내가 참석하는 행사, 회의, 축제, 전시회 등에서 포스터를 구할 수 있다. 오늘날 CPH 포스터는 기숙사, 아파트, 지역 센터, 교실의 벽과 도시의 거리를 장식하고 있다. 지난 12년 동안 60가지 이상의 포스터가 인쇄됐고, 모두 15만 장 이상이 팔렸다.

이 프로젝트를 조직하고 초기 자금을 마련한 것은 나였지만, 작업은 항상 집단적이었다. 거의 100여 명의 작가가 디자인 작업에 참여했고, 여러 곳의 인쇄소에서 포스터를 찍었다.* 수십 명이 밤새 도시의 전기함과 건설 현장에 포스터를 붙이며 돌아다녔고, 수천 명이 포스터를 전 세계로 배포하는 데 도움을 줬다.

#

개별 작품으로서 이 모든 포스터는 작가 개개인, 각 포스터의 주제, 민중의 역사라는 개념 자체에 바치는 헌사다. 이 책을 펴내기 위해 처음으로 포스터를 모았을 때 우리는 어떻게 하면 포스터가 전혀 새로운 방식으로 기능할 수 있는지 논의했다. 예를 들어 전체적으로 포스터는 단순히 개별적인 순간만이 아니라, 더 넓은 과거의 지평에 대해 말하는 것이 중요하다. 또 포스터는 지난 500년 동안의 사회 정의를 위한 투쟁의 진화와 운동을 증언하지만, 말할 것이 얼마나 더 많이 남았는지도 알려준다.

역사는 단순히 과거라는 시간을 통과한 무엇이 아니다. 역사는 우리 앞에 도달한 모든 것의 절정이며, 역사는 여전히 살아 있고, 움직이고, 진화하고, 변화하는 어떤 것이다. 역사는 우리가 현재를 보고 해석하는 방식에 영향을 미친다. 나는 이 책과 그 속의 모든 포스터가 과거로부터 배울 뿐만 아니라, 역사를 오늘에 살려놓으려는 우리의 집단적 열망을 다시 불러일으킬 수 있기를 희망한다.

조시 맥피 Josh MacPhee
2010년 5월

시카고 여성 청년 지도력 차터스쿨에서 사용 중인 CPH 포스터

스텀프타운 인쇄소의 CPH 포스터 인쇄

*
첫 12종의 포스터는 C&D라는 이름을 가진 시카고의 작은 좌파 인쇄소에서 인쇄했다. 소유주인 돈 해머키스트와 재닌 포터는 나에게 오프셋 인쇄의 기초를 가르쳐줬고, 이 초기 교육은 포스터를 최초의 아이디어에서 최종 인쇄본으로 만드는 데 필요한 지식을 쌓는 데 결정적이었다. 그 후 대다수의 포스터는 오리건주 포틀랜드에 있는 노동자 소유 운영 기업인 스텀프타운 인쇄소 Stumptown Printers에서 인쇄했다.

저항과 혁명의 포스터

The Poster of Resistance and Revolution

디거파

1649년 영국 서리주 세인트조지스힐에 '디거파 Diggers'[1]라고 불리는 누더기를 걸친 무리가 민중의 의지를 보여주기 위해 나타났다. 그들은 지주에게 도전했고, 법률에 도전했으며, 자신의 것에 대한 소유권을 다시 주장하는 무산자였다. 그들은 말했다.

"우리는 땅을 파고 씨앗을 뿌리기 위해 평화 속에 왔고, 우리는 공유지에서 일하기 위해서, 황무지를 일구기 위해서 왔다. 나눠진 이 땅을 우리는 전체로 만들 것이고, 그러면 그 땅은 모든 사람의 공통 보물이 될 수 있다. 소유의 죄를 우리는 경멸하며, 아무에게도 사적인 이득을 위해 땅을 사고팔 권리는 없다. 우리는 함께 일하고 먹으며, 우리에겐 칼이 필요 없다. 우리는 주인에게 굽히지 않을 것이고, 집주인에게 세를 내지도 않을 것이다. 우리는 가난하지만 자유로운 사람이다. 디거파는 모두 영광을 위해 떨쳐 일어나라, 지금 일어서라!"

재산을 가진 부자의 명령이 떨어졌다. 그들은 디거파의 주장을 말살하기 위해 고용 깡패와 군대를 보냈다. "그들의 오두막을 부숴라! 그들의 옥수수를 못쓰게 만들어라!" 디거파는 흩어졌고, 이후 오직 이런 말만이 떠돈다. "너희 가난한 자여, 용기를 가져라. 너희 부유한 자여, 조심하라. 땅은 모두가 공유할 공동의 보물이다."

아트워크
에릭 루인 Erik Ruin

[1]
영국내전(1642-1651) 당시의 평등주의 운동. 수평파 Levellers와 디거파가 있었는데, 시기적으로 수평파가 앞서고, 수평파의 일부가 디거파로 발전했다. 황무지를 개간해(dig) 토지를 공유하는 공동 사회를 만든다는 의미에서 디거파라고 했다.

푸에블로 반란

"한 지도자가 다른 지도자에게 오케오윙게에서 온 남자가 '여우의 교활함과 곰의 심장'을 가졌다고 말했을 것이다. (...) 전설에 따르면 포페이는 교만하지 않고 항상 배우려고 하며 충고를 깊이 새기고 자신의 결정을 설명하려 했다."
— 호에 산도 Joe Sando, «푸에블로 이야기 Pueblo Profiles»

포페이는 테와족(푸에블로 인디언)의 정신적 지도자로서 1680년에 푸에블로 반란을 이끌었다. 이 반란은 현재의 리오그란데강 상류로 알려진 지역에서 에스파냐 식민주의 세력을 몰아내려는 반식민운동이었다.

'잘 익은 과즙'이라는 뜻의 '포핀'이란 이름으로 불린 포페이는 1675년 수십 명의 원주민 지도자와 함께 '마술'을 행했다는 이유로 유죄 판결을 받았다. 에스파냐 당국은 이 '범죄자들'에게 공개적으로 폭력적인 처벌을 가했다. 그런데 지역 공동체가 직접 무력행사를 하자 할 수 없이 이들을 석방했다.

포페이는 감옥에서 풀려난 다음 타우스로 이동했고, 그곳에서 1680년 에스파냐의 식민통치에서 벗어나기 위해 지역의 여러 부족과 함께 샌타페이 당국에 맞설 계획을 세웠다. 공격 날짜를 알리기 위해 푸에블로 지도자들은 사슴가죽으로 짠 매듭으로 지역 공동체에 8월 11일 봉기 계획을 알렸다. 비록 정해진 날짜보다 일찍 시작했지만, 수천 명의 원주민 전사는 10일간 맹공격을 펼쳤다. 이들은 에스파냐에 협력한 틀락스칼라 인디언, 메스티소(인디언과 유럽계의 혼혈인), 탈부족화된 원주민인 헤니사로스, 푸에블로 동맹자를 포함한 이곳의 정착민 공동체를 수백 마일 남쪽의 엘파소델노르테(현재 엘패소)까지 몰아냈다. 포페이와 동시대인의 이 같은 반식민투쟁은 지금도 정착민 식민주의에 대한 원주민 저항의 잠재력과 가능성으로 남아 있다.

아트워크
딜런 마이너 Dylan A. T. Miner

영국인에게서 도피한 자메이카 탈주 노예

1700년대 초반 퀸 내니 Queen Nanny와 윈드워드 마룬스 Windward Maroons[2]는 자메이카 산악 지대에서 게릴라전을 펼쳐 영국군을 물리쳤다. 게릴라 투쟁을 통해 그들은 더 이상의 노예화를 막아냈고, 영국인에게 굴복을 강요했다. 1939-1940년에 자메이카의 영국인 총독은 탈주 노예에게 2500에이커를 주었고, 그들은 자치를 누리면서 살 수 있게 됐다.

아트워크
데이먼 록스 Damon Locks

[2] 자메이카에서 탈주 노예들의 공동체를 '마룬스'라고 한다.

스토노 반란

1739년 9월 9일 일요일, 찰스타운 지역의 노예 무리가 사우스 캐롤라이나 식민지의 백인 노예주에게서 벗어나기로 결심하고 에스파냐령 플로리다로 출발했다. 10여 명을 죽이고 재산을 불태운 다음 잘 무장한 100여 명의 노예 무리는 남부로 탈주하는 동안 희망에 차서 북을 치고 깃발을 휘날렸다. 우연히 그들을 발견한 백인 기독교 무장 민병대가 이 스토노 Stono 반란을 진압했다. 약 75명이 사망한 이 사건은 영국 식민지에서 일어난 가장 잔인한 유혈 반란으로 기록됐다.

아트워크
마크 코트 Mark Cort
러셀 하우즈 Russell Howze (글/스텐실)

존 브라운

"인간에게는 노예를 구하기 위해 노예 소유주에게 강제로 개입할 수 있는 완벽한 권리가 있다는 것이 존 브라운 John Brown (1800–1859)의 독특한 주장이다. 나도 동의한다. 노예제 때문에 지속적으로 충격을 받는 사람이라면 노예 소유주의 폭력적 죽음, 하지만 그의 죽음보다는 그의 삶에 더 큰 충격을 받을 것이다. 나는 노예를 해방하는 데 가장 빨리 성공한 그의 폭력적 방법에 대해 그가 잘못 생각했다고는 주장하지 않을 것이다."
— 헨리 데이비드 소로

아트워크
조시 맥피 Josh MacPhee

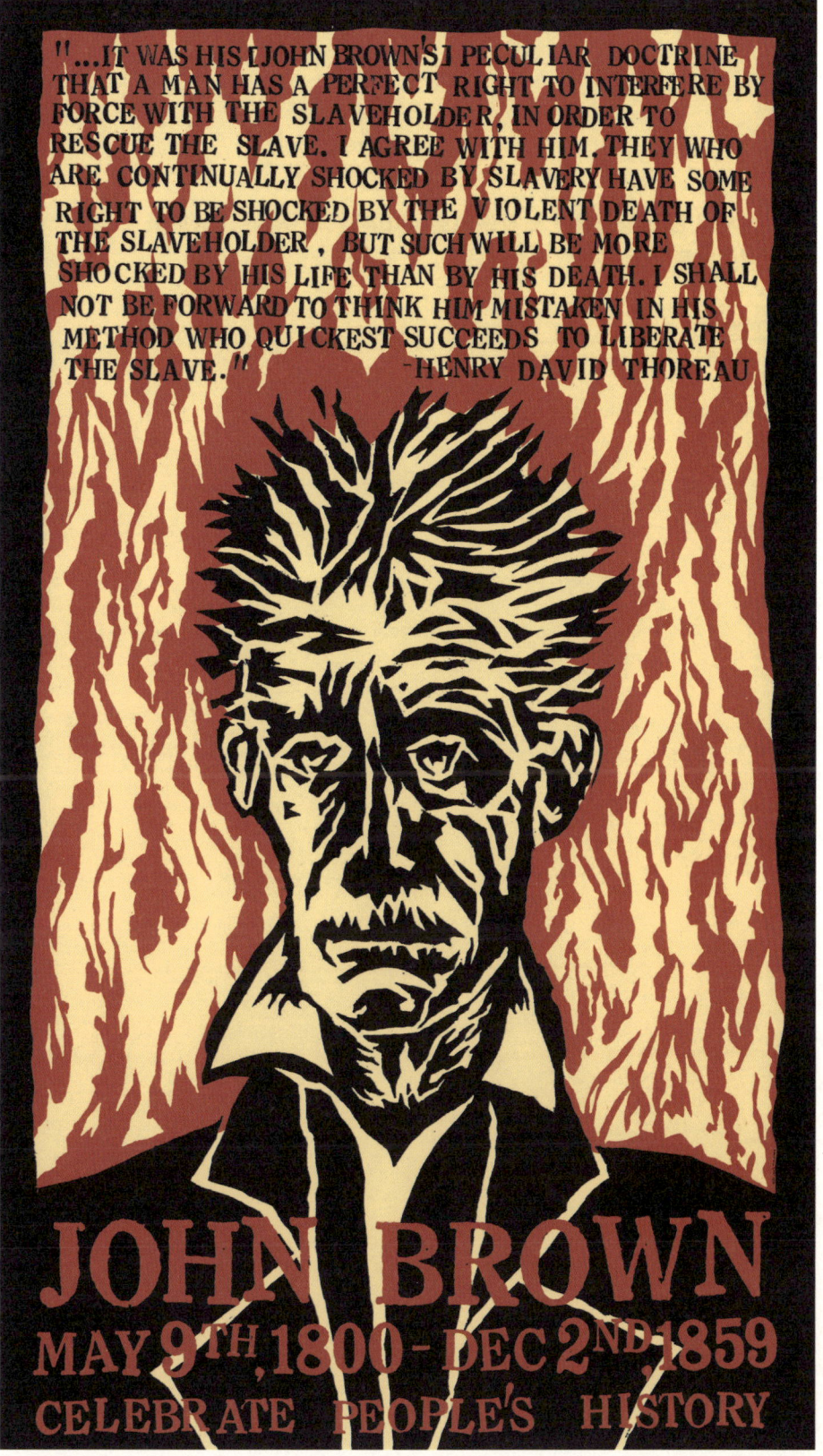

아이티 혁명

역사상 가장 성공적인 노예 봉기로, 1804년 최초의 흑인 공화국 성립으로 이어졌다.

아트워크
에런 레니에 Aaron Renier

프레더릭 더글러스

"교육은 인간이 노예가 될 수 없게 만든다."
— 프레더릭 더글러스 Frederick Douglass [3]

아트워크
존 제닝스 John Jennings

[3] 1818-1895, 대표적인 노예폐지운동가. 미국에서 흑인 노예로 태어났다. 독학으로 글을 깨우친 그는 교육과 지식이 자유를 향한 길이라고 믿게 된다. 농장에서 탈출하여 노예 폐지와 여성 인권을 위한 연설가이자 작가로 활동했다.

세쿼이아와 체로키 문자 체계

1821년 세쿼이아 Sequoyah는 체로키족 문자 체계를 개발했다. 각 글자는 한 글자가 하나의 소리를 나타내는 영어와 달리 한 음절을 나타낸다. 그래서 이 문자 체계를 음절어라고 한다. 체로키족 문자 체계에는 85개의 글자가 있는데, 이것들은 인쇄용 금속활자로 만들어졌다. 1970년대 중반 체로키어 사전이 출판됐는데, «체로키 불사조 Cherokee Phoenix»의 첫 편집자와 인쇄공이 뉴에코타로 와서 최초의 아메리칸인디언 신문을 인쇄한 지 100년 만의 일이다. 일부에서는 세쿼이아가 문맹이었다고 말하지만, 문자 체계를 개발한 사람이 어떻게 문맹일 수 있겠는가. 또 일부에서는 문자 체계 또는 그 일부가 세쿼이아 이전에 이미 존재했을지 모른다고 주장하기도 한다.

아트워크
스피키지 프레스 Speakeasy Press
프랭크 브래넌 Frank Brannon (디자인)
루젠 힐 Luzene Hill (일러스트레이션)
로라 피닉스 Laura Pinnix (번역)

CELEBRATE PEOPLE'S HISTORY

CHEROKEE WRITING SYSTEM

In 1821 Sequoyah completed the development of a Cherokee writing system.

A Cherokee dictionary was produced in the mid-1970s, 150 years after the first editors and printers of the *Cherokee Phoenix* came to New Echota to print the first Native American newspaper.

Each character represents a syllable, instead of one sound as when one writes English, so it's called a syllabary.

There are 85 characters in the writing system and these were cast into metal for printing.

SEQUOYAH

Some say Sequoyah was illiterate, but how can you be the person who developed your own system of writing?

Some say the writing system, or portion of it, may have existed even before Sequoyah.

Posters by speakeasypress.com
Funding by the Puffin Foundation
Posters available from justseeds.org
December 2008

엘리제 르클뤼

영향력 있는 프랑스의 지질학자이자 무정부주의자였던 엘리제 르클뤼 Elisée Reclus(1830–1905)는 인류가 지구의 양심으로서 완전한 책임을 질 것을 제안했다.

"야생의 자연은 아주 아름답다! 그렇다면 자연을 장악한 인간이 새로 정복한 각각의 영역을 체계적으로 착취하고 저속한 건축물과 재산을 주사위처럼 반듯하게 경계 지어 자신의 소유로 표시해야 할 필요가 있는가?"
— «인간과 자연 L'Homme et la Nature»(1865)

아트워크
손 슬리퍼 Shaun Slifer

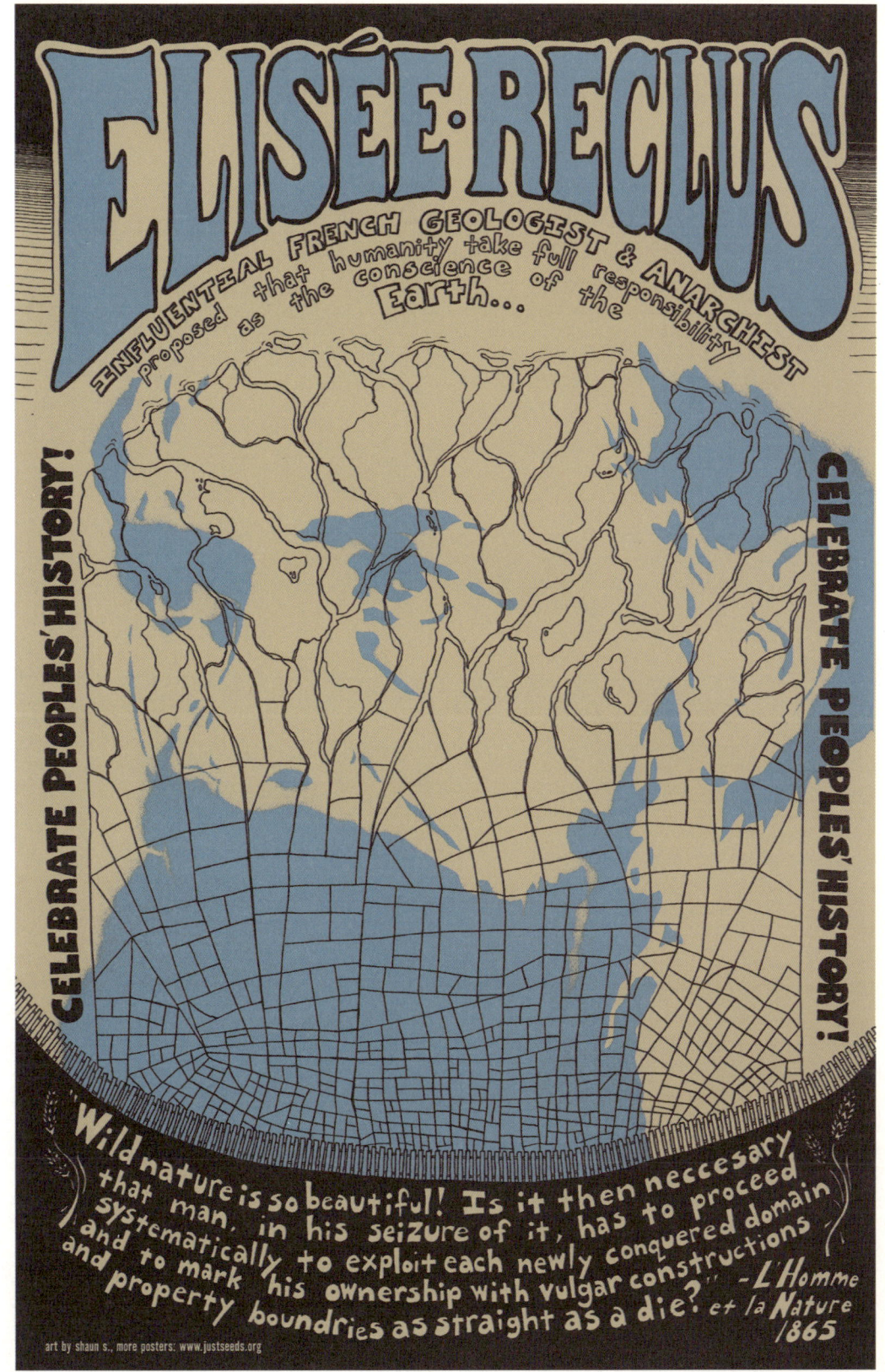

지하철도 The Underground Railroad [4]

"그렇다. 나는 노예였고, 온 세상에 그렇다고 말할 것이다.
노예제는 미국 민중에게 찾아온 사상 최악의 저주였다."
— 존 러드 John Rudd [5]

아트워크
샘 커슨 Sam Kerson

[4]
흑인 노예 탈출 지원 조직. 미국 남부의 흑인 노예가 자유주나 캐나다, 미국 북부 등으로 탈출하는 데 도움을 준 노예폐지운동가와 동조자가 마련한 비밀 통로와 안전가옥의 네트워크다. 1700년대 후반부터 시작돼 1850–1860년대에 활발하게 노예 탈출을 도왔다. 약 10만 명의 흑인이 지하철도를 통해 자유를 얻었다.

[5]
1854년 켄터키주 출생의 흑인 노예. 83세에 구술 인터뷰한 내용이다.
https://www.accessgenealogy.com/black-genealogy/slave-narrative-of-john-rudd.htm

치페와 인디언의 '작은 조개 부족
The Little Shell Band'[6]

"우리는 여러 무리로 흩어져 이동하며 살아가는 부족이다.
백인은 소유권을 인정하지 않았다. 우리 혈통은 인정받지 못했다.
과거에 백인은 우리를 영혼이 없는 사람이라고 불렀지만,
적어도 지금 우리는 정체성을 갖고 있다."

아트워크
래리 서 Larry Cyr

[6]
치페와족 Chippewa은 캐나다와 미국 북부에 살던 원주민이다. 오지브와족 Ojibwa이라고도 한다. 작은 조개 Little Shell (1830년경–1901)는 치페와족 추장의 이름이다. 미국 정부로부터 부족으로 인정받지 못했고, 따라서 보호 구역도 배정받지 못했다. 나중에 몬태나주에서 인정을 받았다.

해리엇 터브먼과 콤바히강 전투

1863년 6월 3일 해리엇 터브먼 Harriet Tubman은 연방군을 이끌고 사우스캐롤라이나의 콤바히강에서 게릴라 작전을 펼쳐 750명 이상의 노예를 해방했다. 이것은 미국 역사에서 여성이 주도한 최초이자 유일한 군사 작전이었다.

아트워크
대럴 게인-매캘러 Darrell Gane-McCalla

리틀빅혼

1876년 6월 25일 조지 커스터 장군과 중무장한 기병연대는 현재 몬태나주 지역의 리틀빅혼 Little Bighorn 강변에서 라코타, 아라파호, 샤이엔 인디언의 캠프를 공격했다. 커스터의 연대는 블랙힐스에서 백인 정착민이 금을 캘 수 있도록 원주민 부족을 몰아내라는 명령을 받았다. 그날 커스터는 크레이지 호스 Crazy Horse (라코타어로 타순코-위트코)와 갈 Gall (라코타어로 피지)의 지휘 아래 연합한 인디언 부족의 손에 처참한 패배를 맛봤다. 커스터와 그의 군대를 완전히 몰아낸 전투는 지난 500여 년 동안 아메리카에서 인디언 부족이 거둔 커다란 승리 중의 하나였다.

아트워크
로저 피트 Roger Peet

JUNE 25, 1876

LITTLE BIGHORN

On June 25th, 1876, General George Custer and a heavily armed cavalry regiment attacked a camp of Lakota, Arapaho and Cheyenne Indians on the banks of the Little Bighorn River in what is now Montana. Custer's regiment was part of the forces clearing the region of indigenous peoples so white settlers could mine gold in the Black Hills. That day Custer met a crushing defeat at the hands of the assembled tribes, under the leadership of Crazy Horse and Gall. Custer and his men were entirely wiped out in one of the greatest victories for Indian peoples during the last 500 years of Genocide in the Americas.

CELEBRATE PEOPLES' HISTORY

아우이소테의 아들

‹아우이소테의 아들 El Hijo Del Ahuizote›은 멕시코의 독재자 포르피리오 디아스에 맞서 싸운 혁명적 신문이었다. 이 신문은 리카르도 플로레스 마곤과 엔리케 플로레스 마곤 형제의 무정부주의 사상을 호세 과달루페 포사다의 그래픽과 결합시켜 권위주의와의 전쟁을 펼쳤다. 1885년에 창간된 이 신문은 여러 차례 정간되고 검열됐다. 심지어 신문이 탄압의 희생물이 된 이후에도 마곤과 포사다는 저항을 계속하기 위해 다른 출판물 작업에 참여했고, 1910년 멕시코 혁명으로 나아가는 길을 닦는 데 기여했다.

"피와 불로 유지되는 것은 피와 불을 통해 멸망할 것이다."
— 리카르도 플로레스 마곤

아트워크
산티아고 아르멘고드 Santiago Armengod

El Hijo del Ahuizote was a revolutionary newspaper that fought against Porfirio Diaz' dictatorship in Mexico. The paper combined the anarchist ideas of Ricardo Flores Magón and his brother Enrique, With Jose Guadalupe Posada's graphics to unleash a war against authoritarianism. Founded in 1885, it was shut down and censored multiple times. Even after the paper fell victim to repression, Magón and Posada were involved in other publications that expressed the same unrest and helped pave the road towards the Mexican Revolution of 1910.

El Hijo del Ahuizote fue un periodico revolucionario que luchó contra la dictadura de Porfirio Diaz en Mexico. La publicación combinó el pensamiento anarquista de Ricardo Flores Magón y su hermano Enrique, con la grafica popular de protesta de Jose Guadalupe Posada para desatar una larga guerra contra el autoritarismo, que despues de que el periodico se ve reprimido y cerrado definitivamente se expresa en otras publicaciones que juntas irían a ayudar a pavimentar el camino hacia la Revolucion Mexicana en 1910.

"That which is maintained with blood and fire through blood and fire shall fall."
-Ricardo Flores Magón.

"Que a sangre y fuego caiga, lo que a sangre y fuego se mantiene."
-Ricardo Flores Magón.

메이데이

메이데이 May Day(5월 1일)는 국제 노동자의 날이다. 메이데이가 시작된 미국을 제외하고[7] 전 세계에서 축하와 투쟁이 이어진다. 메이데이는 1886년 5월 1일 미국에서 일어난 '여덟 시간 노동제 쟁취 투쟁'과 그에 이은 '헤이마켓 Haymarket 사건'을 기념한다. 이 사건은 미국의 노동운동과 무정부주의운동 역사에서 결정적 사건으로 자리매김했는데, 네 명의 노동운동 조직가가 시카고에서 교수형에 처해졌다. 메이데이는 또한 봄과 재생을 기념하는 오래된 축일이기도 하다. 오래된 땅에 새 씨앗을 심는 전통적인 절기라고 할 수 있다.

아트워크
에릭 드루커 Eric Drooker

[7]
미국과 캐나다에서 노동절 Labor Day은 5월 1일이 아니라, 9월 첫 월요일이다. 1894년 미국 정부는 5월 1일이 시카고 헤이마켓 사건을 연상시켜 좌파 시위가 강화될 것을 우려해 9월 첫 월요일을 연방 공휴일로 지정했다.

헤이마켓

1886년 5월 4일 저녁, 몇몇 노동운동 지도자는 헤이마켓 광장에서 집회를 조직했다. 전날 시카고 경찰국이 매코믹 하베스터스 작업장에서 파업 중인 노동자 네 명을 살해한 데 따른 것이다. 약 3000명이 모였지만, 나중에는 몇백 명으로 줄었다. 180명의 경찰 대오가 나타났다. 연사는 집회가 거의 끝났다고 말했다. 그런 와중에 경찰 사이에서 폭탄이 폭발했고, 66명이 부상했으며, 그 가운데 일곱 명은 나중에 사망했다(한 명은 폭탄 때문에 죽었고, 나머지 여섯 명은 동료 경찰이 쏜 총격의 부상으로 죽었다). 경찰이 군중에 총격을 가해 여러 명이 나중에 사망했고, 200명이 다쳤다. 여덟 명의 무정부주의자가 체포돼 재판에 회부됐다. 공공연하게 편견을 드러내는 조지프 게리 판사와 명백하게 적대적인 배심원단에 직면해, 헤이마켓 사건 재판은 미국 역사상 악명 높은 재판 중의 하나가 됐다. 검찰은 피고인들이 범죄와 진짜 연관됐는지의 여부보다는 그들의 무정부주의운동과의 연계에 더 초점을 맞췄다. 본질적으로 여덟 명(이 가운데 일곱 명은 당시 폭탄이 터진 그곳에 있지도 않았다)은 정치적 신념 때문에 재판에서 유죄 판결을 받았다.

오거스트 스파이스, 앨버트 파슨스, 조지 엥겔, 아돌프 피셔는 교수형에 처해졌다. 루이스 링은 사형 집행 전에 자살했다. 새뮤얼 필든, 마이클 슈왑, 오스카 니브는 징역형을 받았다(결국 1892년 사면됐다).

헤이마켓 폭동은 노동운동에서 중요한 사건이었다. 1886년은 '거대한 노동 봉기의 해'로 알려지게 됐다. 1881년에서 1885년까지 파업은 연평균 500건이었고, 아마도 해마다 14만 명 이상이 파업에 참가했을 것이다. 1886년에는 1400건 이상의 파업이 일어났고, 50만 명의 노동자가 참여했다.

"우리의 침묵이 당신들이 오늘 질식시키는 목소리보다 더욱 강력할 것이다."
— 오거스트 스파이스

아트워크
애덤 파누치 Adam Fanucci

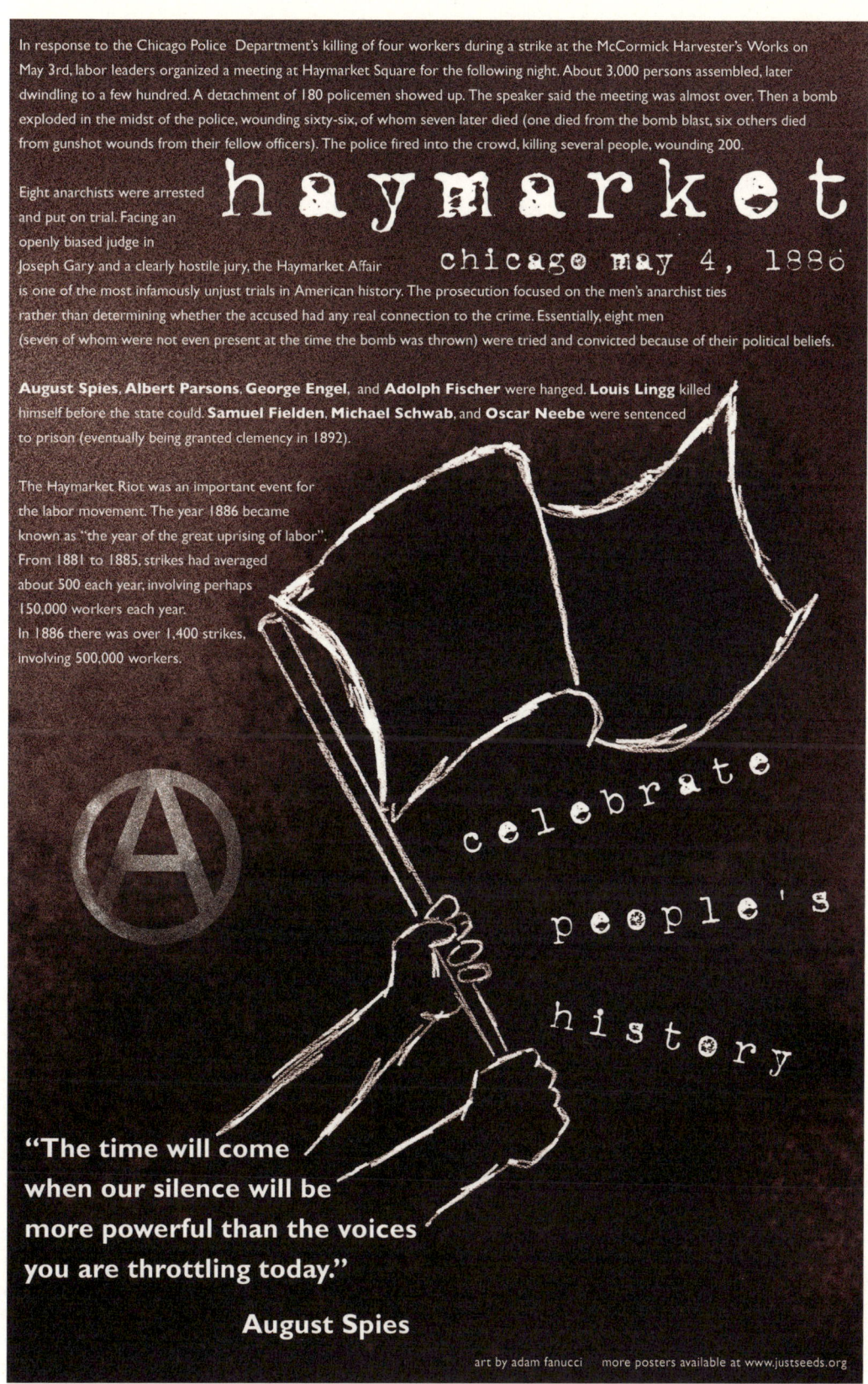

haymarket
chicago may 4, 1886

In response to the Chicago Police Department's killing of four workers during a strike at the McCormick Harvester's Works on May 3rd, labor leaders organized a meeting at Haymarket Square for the following night. About 3,000 persons assembled, later dwindling to a few hundred. A detachment of 180 policemen showed up. The speaker said the meeting was almost over. Then a bomb exploded in the midst of the police, wounding sixty-six, of whom seven later died (one died from the bomb blast, six others died from gunshot wounds from their fellow officers). The police fired into the crowd, killing several people, wounding 200.

Eight anarchists were arrested and put on trial. Facing an openly biased judge in Joseph Gary and a clearly hostile jury, the Haymarket Affair is one of the most infamously unjust trials in American history. The prosecution focused on the men's anarchist ties rather than determining whether the accused had any real connection to the crime. Essentially, eight men (seven of whom were not even present at the time the bomb was thrown) were tried and convicted because of their political beliefs.

August Spies, **Albert Parsons**, **George Engel**, and **Adolph Fischer** were hanged. **Louis Lingg** killed himself before the state could. **Samuel Fielden**, **Michael Schwab**, and **Oscar Neebe** were sentenced to prison (eventually being granted clemency in 1892).

The Haymarket Riot was an important event for the labor movement. The year 1886 became known as "the year of the great uprising of labor". From 1881 to 1885, strikes had averaged about 500 each year, involving perhaps 150,000 workers each year. In 1886 there was over 1,400 strikes, involving 500,000 workers.

celebrate people's history

"The time will come when our silence will be more powerful than the voices you are throttling today."

August Spies

art by adam fanucci   more posters available at www.justseeds.org

흰 모자

1889-1897년, 뉴멕시코. 흰 모자 Las Gorras Blancas는 강력한 목장주, 대토지 소유주, 철도 확장에 맞선 집단적 투쟁 속에서 등장한 굳게 단결한 비밀결사였다. 침략적 정착민은 최상의 목초지와 과거 공유지였던 급수지에 울타리를 치기 시작했다. 1889년 흰 모자는 철조망을 끊고 울타리와 철로를 불태우고 다리를 파괴하기 시작했다. 그들은 곧 뉴멕시코주 라스베이거스 지역에서 대중의 지지를 얻었다.

"우리가 법을 준수하는 시민이라는 사실에 의문이 든다면, 우리 집에 와서 우리가 겪는 배고픔과 황폐함을 보라. 공정하고 정의롭다면 우리는 당신과 함께하겠지만, 그렇지 않다면 결과에 책임을 지게 될 것이다."

흰 모자는 1500명 규모였고, 날마다 성장하고 있었다.

아트워크
피트 얀크 Pete Yahnke

홈스테드 Homestead 전투

카네기 철강, 1892년 7월 6일.

"그것은 노동자 간의 전쟁이었다. 왜냐하면 이 핑커턴 pinkertons[8] 집단은 돈을 받고 거기에 왔기 때문이다. 이들을 고용한 자는 저 공장에 고용된 사람들의 땀으로 벌어들인 돈으로 멀리 안전하게 떨어져 있으면서, 자기에게 돈을 벌어다주는 사람을 죽이려고 자기 대신에 저들을 고용한 것이다."

아트워크
에릭 '에록' 보어러 Eric 'Erok' Boerer

[8] 1850년 앨런 핑커턴이 세운 미국의 사설탐정 보안업체. 노동쟁의가 일어나자 회사 측의 무장 구사대로 개입했다.

유진 데브스

"하층 계급이 있는 한, 나도 그 속에 있다. 범죄적 요소가 있는 한, 나도 그곳에 있다. 감옥에 영혼이 있는 한, 나는 자유롭지 못하다."

유명한 노동운동 지도자 유진 데브스 Eugene V. Debs (1855–1926)는 사회당 후보로 대통령 선거에 다섯 번 출마했다. 그의 가장 유명한 선거운동은 1920년 연방교도소에 갇혀 있던 때(반전 연설을 한 혐의로 체포돼 간첩법 위반으로 10년형을 선고받았다)였고, 63세의 나이에 그는 90만 표 이상을 받았다.

데브스의 캠페인 버튼에는 이렇게 적혀 있었다.
"죄수번호 9653번을 대통령으로!"

아트워크
니컬러스 램퍼트 Nicolas Lampert

1869–1870년과 1885년, 가브리엘 뒤몽과 메티스의 저항

북아메리카의 메티스 Metis (인디언과 프랑스계 캐나다인의 혼혈인)를 지키기 위한 가브리엘 뒤몽 Gabriel Dumont (1837-1906)의 정치적, 영적 저항이 오타와 지역에 나타난 유럽계 캐나다인의 확장을 막았다. 캐나다 태평양철도가 오대호 상단의 대호수와 서부 프레리(대초원)의 원주민 땅으로 밀고 들어와 메티스의 전통적 생명선을 공격했다. 위대한 버펄로 사냥꾼인 뒤몽은 게릴라 전술을 구사해 다양한 투쟁을 벌였다. 1872년 자치령토지법 Dominion Lands Acts의 통과로 유럽계 캐나다인 정착민이 대규모로 캐나다 서부로 이동하기 시작했다. 같은 해 뒤몽은 서스캐처원 바토시 공동체의 지도자로 선출됐다. 1885년 저항 투쟁을 벌이는 동안 뒤몽은 자기 부족을 이끌고 캐나다 당국의 침략 정책과 군대에 맞서 전투를 벌였다.

"우리는 오티페미시왁 Otipemisiwak,[9] 자유로운 사람이다!"

아트워크
딜런 마이너 Dylan A. T. Miner

[9]
캐나다 오타와 지역에 살던 치페와족 인디언의 말.

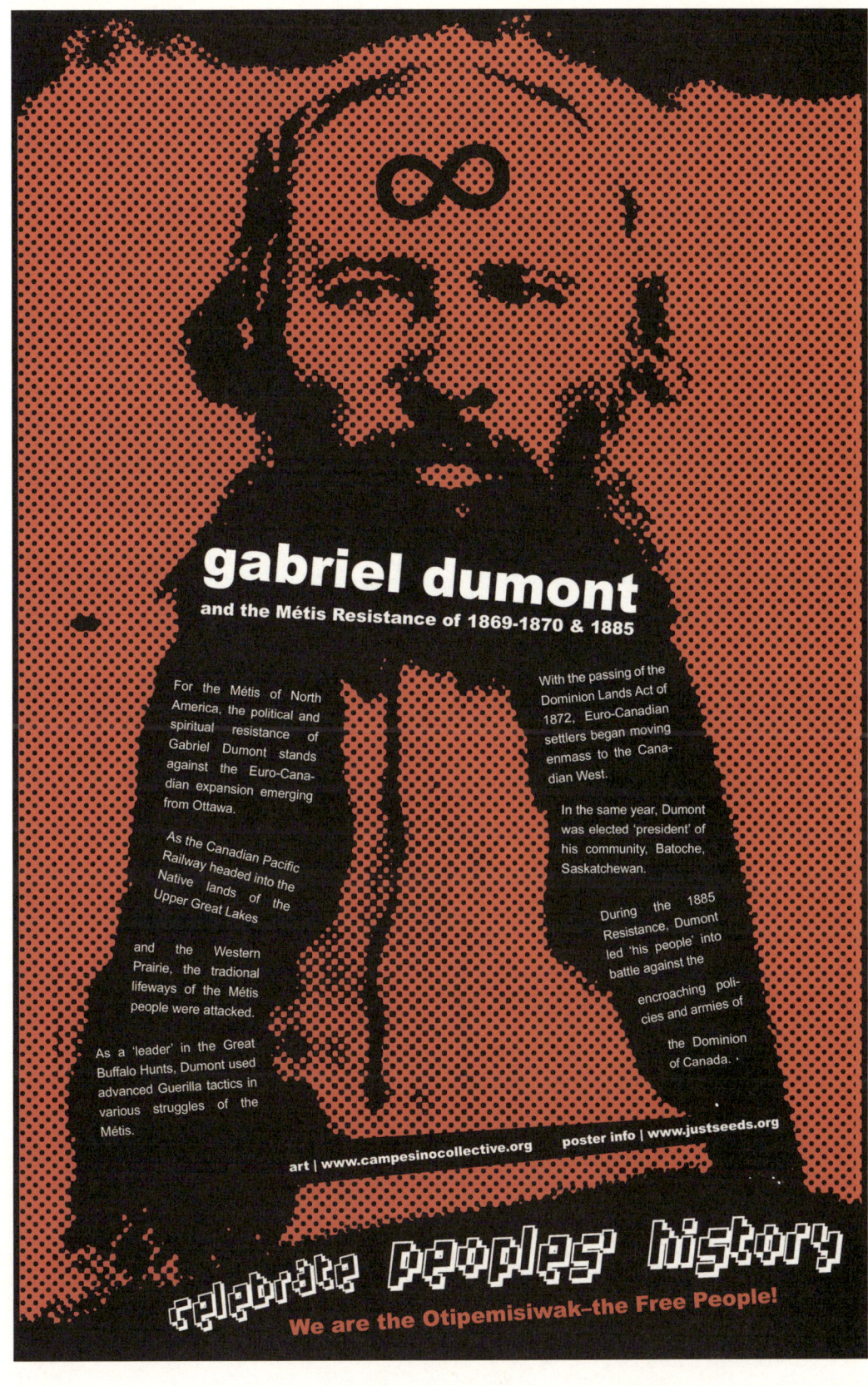

엠마 골드만

엠마 골드만 Emma Goldman (1869–1940)은 무정부주의자이자
작가이며, 인권, 여성 평등, 성적 자유, 피임, 공정한 노동,
관행, 교육, 개인의 자유, 사회혁명을 위해 투쟁한 활동가였다.

아트워크
벤 루빈 Ben Rubin

마리 에퀴 박사

마리 에퀴 Marie Equi (1872-1952)는 무정부주의자, 정치범, 반전활동가, 노예제 폐지 활동가, 전사, IWW[10] 의사, 레즈비언, 투사, 페미니스트다.

"우리는 자유로운 나라에 살고 있다고 생각하지만, 실제로는 노예일 뿐이다. 윌슨 대통령이 우리가 전쟁 중이라고 말했을 때, 그는 딱 한 번 진실을 말한 것이다. 그러나 그것은 다른 나라에 대항한 전쟁이 아니라, 우리나라 안에서 결코 끝나지 않는 계급 전쟁이다."

아트워크
알렉 이키 던 Alec Icky Dunn

[10] 세계산업노동자연맹 Industrial Workers of the World의 약자. 1905년에 설립된 미국 생디칼리슴 계열의 노동조합이다. 조합원을 워블리 Wobblies 라고 했다.

메이저 테일러

메이저 테일러 Major Taylor (1878-1932)는 1899년 1마일 사이클 트랙 세계선수권 대회에서 우승한 아프리카계 미국인 사이클 선수였다. 그는 30년 동안 선수 생활을 하면서 수많은 세계기록을 세웠다. 그러나 미국사이클연맹은 1894년 흑인을 회원에서 배제하기로 결정했고, 메이저 테일러는 차별에 맞서 싸웠다.

아트워크
재닛 아타드 Janet Attard

몰리 잭슨 아줌마

발라드 가수, 조산부, 노동조합 조직가.

"나에게 말해보라, 동료 노동자여. 어떻게 이럴 수 있는가? 용감한 자의 집이자 자유인의 땅에서. 배고픔과 궁핍은 여러분처럼 또 나처럼 열심히 일하는 가난한 대중에겐 무료다."

다섯 살 때부터 1931년 광산촌에서 추방될 때까지 47년 동안 몰리 잭슨 Aunt Molly Jackson (1880-1960)은 켄터키 광부의 삶이자 영혼이었다. 그녀는 간호사이자 조산부였지만, 노동조합 조직가이기도 했다. 47년 동안 수많은 문제, 비극, 투쟁, 승리가 있었고, 그 모든 것을 그녀는 노래로 기록했다. 다른 광부와 광부의 아내가 결코 용서하지도, 망각하지도 않도록 하기 위해서.

대공황 초반 켄터키 광부의 암흑기에 몰리 잭슨은 동료 조직가가 냉혹하게 사살되는 광경에도 기가 꺾이지 않고 광산주에게 맞서 격렬한 투쟁을 벌였다. "자주 그들이 왜 나를 죽이지 않았을까, 의문이 든다. 그들은 나를 구타하고 최루 가스를 뿌리고 감옥에 집어넣었다. 아, 그래, 그들은 나를 제거하려고 애썼지만, 결국 실패했다."

아트워크
피트 얀크 Pete Yahnke

프리모 타피아 드 라 크루스

프리모 타피아 Primo Tapia (1885-1926)는 멕시코 나라하주 타라스코 인디언 공동체에서 태어났다. 캘리포니아에서 이주 노동자로 일하면서 그는 마곤 형제(멕시코 무정부주의의 아버지)와 함께 공부했다. 그는 워블리(IWW) 회원이 됐다. 네브래스카의 사탕무 정련 공장에서 동료 노동자 500명을 노동조합으로 이끌었다. 고향으로 돌아와 사카푸 계곡 지역에서 농업 개혁을 위해 투쟁했다. 프리모는 타라스코 공동체를 많은 승리로 이끌었고, 빼앗긴 땅을 되찾았다. 결국 농민으로 위장한 군인에게 살해됐고, 멕시코 농민운동의 순교자가 됐다.

아트워크
크리스토퍼 카르디날레 Christopher Cardinale

엘리자베스 걸리 플린

'반란 소녀(Rebel Girl)'로 유명한 엘리자베스 걸리 플린 Elizabeth Gurley Flynn (1890–1964)은 16세에 할렘 사회주의자 클럽에서 '사회주의는 여성을 위해 무엇을 할 것인가'라는 제목으로 첫 연설을 했다. 그 후 IWW에 가입했고, 곧 조직에서 가장 중요한 파업 조직가이자 연설가 중 하나가 됐다. 플린은 몬태나주 미줄라의 IWW 자유언론투쟁(1908)을 이끌었고, 로렌스 직물 파업(1912)과 뉴저지주 패터슨의 실크 노동자 총파업(1913)에서 조직가로 활약했다. 1920년 미국시민자유연맹 ACLU의 창립 회원이 됐다. 그녀는 평생 동안 노동, 사회 정의, 여성의 권리를 위해 투쟁했다.

아트워크
니컬러스 램퍼트 Nicolas Lampert

폴 로브슨

미국의 운동선수, 가수, 배우, 정치 활동가. 노동운동과 평화를 지지하고 인종주의에 맞서 연기와 연설을 했다. 린치반대법을 위해 투쟁했다. 미국은 폴 로브슨 Paul Robeson (1898–1976)의 여권을 몰수했다. 이 여행 제한을 우회하기 위해 그는 미국-캐나다 국경에서 두 번의 콘서트를 열었다. 4만 명의 청중이 왔다.

"예술가는 자유를 위해 싸울 것인지, 노예제를 위해 싸울 것인지 선택해야 한다. 나는 선택을 했다. 나에겐 어떤 다른 대안도 없다."

아트워크
데이비드 레스터 David Lester

붉은 연맹

뉴질랜드 노동연맹은 뉴질랜드 최초의 노동조직으로 계급투쟁, 혁명적 노동조합, 자본주의 폐지를 위해 다양한 업종을 단결시켰다.

1908년부터 1913년 사이에 '미숙련' 광부와 일반 노동자, 부두 노동자는 산업화해조정법을 포함한 당시의 노동법에 정면 도전했다. 이 법률 아래서 노동조합의 파업은 불법이 됐고, 모든 분규는 조정 과정을 거쳐야 했다. 많은 사람이 이 과정을 '노동 계급의 족쇄'라고 불렀다. 하지만 연맹은 고용주에게 대항하는 직접 행동을 장려했다.

연맹의 강령 전문은 결국 IWW 노조에서 가져왔다. "노동 계급과 고용 계급 사이엔 아무런 공통점이 없다. 수백만 노동 민중 사이에 기아와 궁핍이 존재하고 고용 계급을 구성하는 소수가 삶의 모든 좋은 것을 소유하는 한 평화는 있을 수 없다."

그래서 그들의 이름은 붉은 연맹 Red Feds이었다.

아트워크
재러드 데이비드슨 Jared Davidson

로렌스 직물 파업

1912년 9월 30일, 매사추세츠주 로렌스 Lawrence, 첫 '시위 파업'.

미국에서 처음으로 노동운동 지도자의 구속에 항의하는 시위 파업이 오늘 이곳 로렌스에서 벌어졌다. 아침에 섬유공장 문이 열리자마자 벌어진 시위자와 경찰 간의 육박전을 시작으로, 밤이 되어서야 IWW가 주도하는 시위는 끝이 났다.

아트워크
손 질히니 Shawn Gilheeney

캘러머주 코르셋 회사 파업

1911년 당시 캘러머주 Kalamazoo 코르셋 공장은 '마담 그레이스'나 '아메리칸 뷰티' 같은 유명 여성용 코르셋을 만드는 전 세계에서 가장 큰 업체였다. 1912년 봄 국제여성의류노동조합 ILGWU 제82지부인 캘러머주 코르셋 노동조합은 파업에 들어갔다. 낮은 임금, 장시간 노동, 불안하고 불결한 노동 조건과 성희롱이 파업 이유였다.

공장의 작업반장은 자신의 성적 요구를 받아들이는 여성에게 가장 좋은 일자리를 제공했는데, 당시에는 이것이 관행이었다. 그들은 자주 여성의 생계수단을 위협하면서 성 접대를 요구했다. 여성 노동자는 이런 수모를 받으면서도 자기 돈을 들여 작업반장에게서 실뭉치를 사야 했다.

결국 최선의 노력을 다했지만 파업은 성공하지 못했다. 그러나 미국 중서부 전역을 누비면서 여성 소비자에게 캘러머주 상품 보이콧을 호소한 폴린 뉴먼과 제82지부 대표들의 노력으로 1914년 이 회사는 파산하고 말았다.

아트워크
숀 슬리퍼 Shaun Slifer
세라 마이스터 Sara Meister

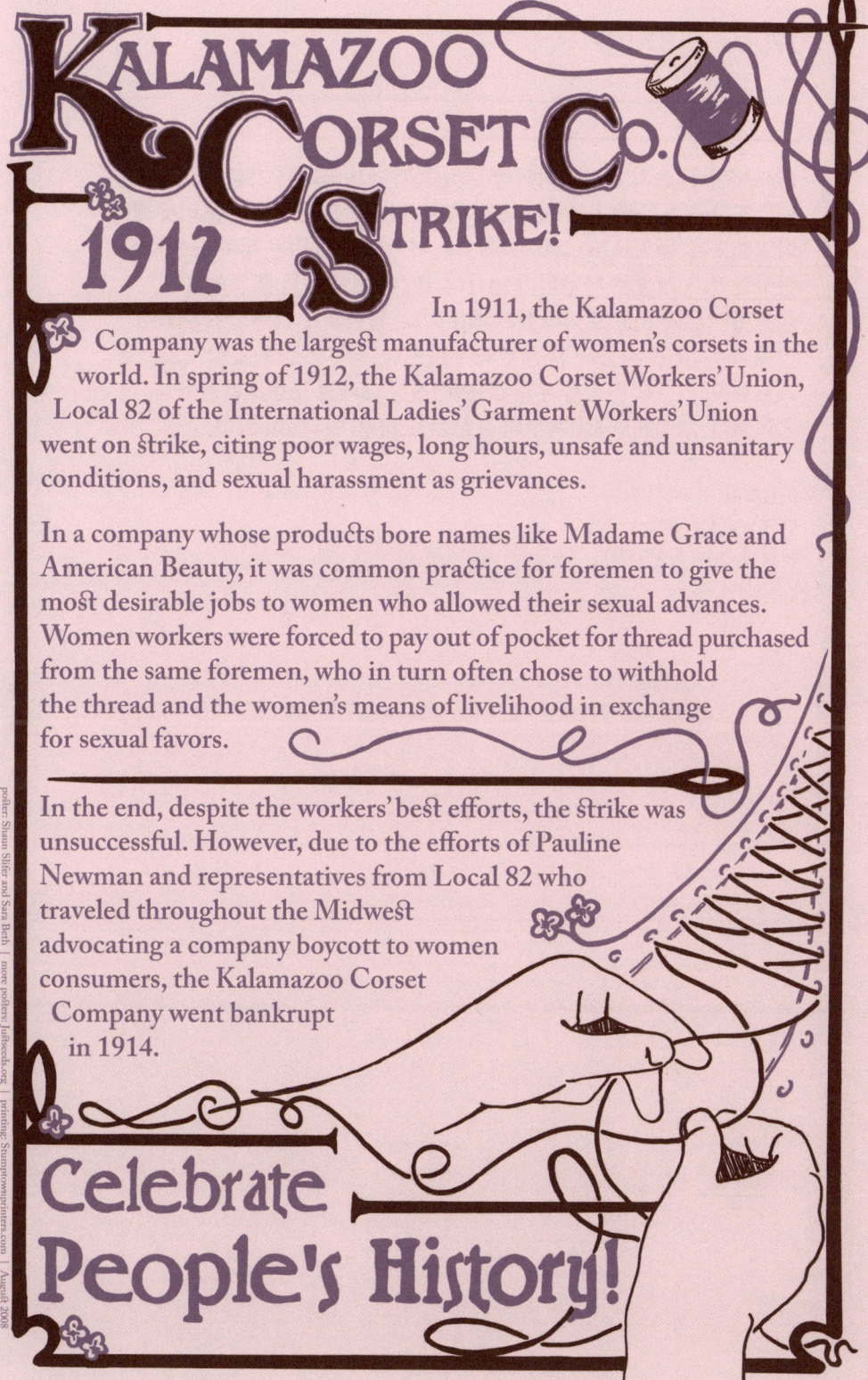

Kalamazoo Corset Co. 1912 Strike!

In 1911, the Kalamazoo Corset Company was the largest manufacturer of women's corsets in the world. In spring of 1912, the Kalamazoo Corset Workers' Union, Local 82 of the International Ladies' Garment Workers' Union went on strike, citing poor wages, long hours, unsafe and unsanitary conditions, and sexual harassment as grievances.

In a company whose products bore names like Madame Grace and American Beauty, it was common practice for foremen to give the most desirable jobs to women who allowed their sexual advances. Women workers were forced to pay out of pocket for thread purchased from the same foremen, who in turn often chose to withhold the thread and the women's means of livelihood in exchange for sexual favors.

In the end, despite the workers' best efforts, the strike was unsuccessful. However, due to the efforts of Pauline Newman and representatives from Local 82 who traveled throughout the Midwest advocating a company boycott to women consumers, the Kalamazoo Corset Company went bankrupt in 1914.

Celebrate People's History!

IWW 제8지부

1913년 수천 명의 필라델피아 부두 노동자가 미국에서 가장 진보적인 노동조합을 결성했다. IWW 제8지부는 아프리카계 미국인을 비롯해 아일랜드계, 폴란드계, 리투아니아계, 서인도계 등 많은 부두 노동자를 받아들였다. 그들은 자부심이 넘쳤다. IWW는 평등을 주장하고 실천하는 보기 드문 조직이었기 때문이다. 불행히도 그런 급진주의로 인해 제8지부는 사용자 및 정부와 부딪쳤다. 정부는 노동조합 지도자를 체포했고, 인종적 긴장을 부추겼으며, 직장 폐쇄로 노동조합원을 몰아냈다. 그럼에도 제8지부의 유산은 오늘날까지 살아 있다.

아트워크
마크 넬슨 Marc Nelson
피터 콜 Peter Cole (글)

I.W.W. Local 8

In 1913 thousands of Philadelphia longshoremen formed the nation's most progressive union. Local 8 welcomed African Americans, Irish Americans, Poles, Lithuanians, West Indians and others. The dockers proudly belonged to the Industrial Workers of the World (IWW), which is that rare institution that both advocates and practices equality. Alas, such radicalism got Local 8 into trouble with employers and the government, which arrested its leaders, fomented racial tensions and locked out the unionists. The legacy of Local 8, nevertheless, lives on.

Celebrate People's History

Art & Concept: Marc Nelson & Peter Cole | More Posters: www.justseeds.org | Printed: April 2007

루이즈 올리베로

루이즈 올리베로 Louise Olivereau (1884–1963)는 제1차 세계대전 당시 반전 反戰을 주장했다고 체포된 많은 사람 중의 하나다. 그녀의 '흉악한' 범죄는 수천 장의 징집 반대 리플릿을 우편으로 보낸 것이었다. 교사였던 그녀는 폭동 혐의로 기소되어 10년형을 선고받았고 28개월간 복역했다.

아트워크
에이프릴 서하이머 Aprille Thurheimer

딜 피클 클럽

1914-1933년. 시카고 르네상스의 중심이었던 야간 문학 카페.

투커앨리 아래쪽 버그하우스 광장 모퉁이에 있는 이 카페를 시카고의 급진주의자는 딜 피클 클럽 Dil Pickle Club이라고 불렀다. 이곳에서는 연극, 춤, 낭송, 강의와 야유 등 다양한 방법으로 무정부 상태를 지향했다. 클럽의 주동자는 이렇게 물었다. "당신은 무엇에 대해서든 괴짜인가?"

그렇다고 대답했다면, 잭 존스와 딜 피클 클럽은 당신을 받아들였을 것이다.

클럽의 주요 인물! 잭 존스는 방화범이자 폭탄 제조범, 워블리였다. 노동조합 지도자이자 사회활동가인 짐(제임스) 라킨은 더블린에서 도망쳐왔다. 마이런 리드 브런디지, 일명 '날씬한' 브런디지는 비트족 문지기이자 콤플렉스 대학 college of complexes[11]의 설립자였다. 벤 라이트먼은 성병 전문 의사이자 엠마 골드만의 애인이었다.

딜 피클 클럽은 호보헤미안,[12] 뉴베리 사서,[13] 낙오자, 활기찬 연설가, 시인, 화가, 기자, 매춘부, 워블리, 교수, 변호사, 의사, 착실한 젊은 부부 등 이곳을 찾는 모든 이에게 집과 같은 곳이었다.

"위험! 계단 조심, 머리를 숙이시오. 자존심은 밖에 두고 오시오."

아트워크
마크 모스카토 Marc Moscato
프레드 사사키 Fred Sasaki
딘 랭크 Dean Rank

---

[11] 언론 자유의 원칙에 입각해 세계의 모든 문제를 다루는 열린 성인 교육기관.
[12] 호보 hobo (떠돌이 노동자)와 보헤미안 Bohemian의 합성어.
[13] 뉴베리 Newberry 도서관은 1887년 시카고에서 문을 연 인문학 전문 도서관이다.

사코-반제티 사건

니콜라 사코 Ferdinando Nicola Sacco (1891–1927)와
바르톨로메오 반제티 Bartolomeo Vanzetti (1888–1927)는
이탈리아 출신 무정부주의자로서, 1908년 미국으로 이민 왔다.
사코는 제화공이었고, 반제티는 생선 행상이었다. 1920년 4월 15일
매사추세츠주 브레인트리에서 월급 강탈 사건이 일어났고,
이 사건으로 구두 제조회사 사장과 경비가 살해됐다. 사코와 반제티는
살인 혐의로 체포됐다. 여러 번의 재판과 항소 끝에 그들은 유죄 판결을
받았고, 1927년 8월 23일 전기의자에서 처형됐다. 오늘날 그들이
범인이 아니라는 증거가 발견됐다. 하지만 그들의 재판이 완전히
부당했다며 항의하는 사람은 거의 없다. 재판 중에도 사코와 반제티는
무정부주의자로서의 신념이나 혁명적 폭력에 대한 결의를 숨기지
않았다.

아트워크
조시 맥피 Josh MacPhee

아마존 군대

1921년 12월 15일, 캔자스주 프랭클린.
1921년 12월 11일 캔자스주의 반노동 입법에 분노한 500명이 넘는 여성들이 캔자스 주 프랭클린에 모였다. 그들은 그저 제 아이들을 굶기지 않으려 했을 뿐이다. 그들은 파업 중인 유니언 14지구의 탄광 노동자와 연대해 행진하기로 결의했다. 파업은 캔자스주지사 앨런이 새로운 노동법원법에 서명하자 이에 항의해 시작됐다. 새 법률은 노동조합에 중재를 강요하고 파업을 불법화하기 위한 것이었다. 12월 12일 이들은 탄광에서 행진을 시작했고, 그들의 유일한 무기는 미국 국기였다. 국기가 상징하는 가치가 자신들의 대의와 동일한 의미라는 점을 보여주기 위해서였다.

12월 15일 행진 대오는 4000명 이상으로 늘었고, 1마일 넘게 길게 이어졌다. 광산이 정적에 빠지고, 민병대가 오고 있다는 소문이 퍼지자, ‹뉴욕타임스›가 '아마존 군대 Amazon Army'라고 이름 붙인 이 여성 군중은 유혈 사태는 막아야 한다는 판단 아래 자발적으로 행진을 중단하기로 결정했다. 다음 해 미국 대법원이 노동법원법의 강제 중재 조항이 위헌이라고 판시했고, 이는 이 여성 군중과 파업 석탄 광부의 승리였다. 노동자는 여전히 파업할 권리를 가지게 됐다.

아트워크
데이브 로웬스타인 Dave Loewenstein

On December 11, 1921, propelled by the need to feed their children and outraged at Kansas's new anti-labor legislation, a crowd of more than 500 women gathered in Franklin, Kansas and resolved to march in solidarity with miners striking at union District 14 coal mines. The strike was called in response to the new Industrial Court Law signed by Kansas Governor Allen, which forced unions into arbitration and outlawed strikes. On December 12th, the women began their march on the mines, armed only with the American flag, which they carried to make clear that the values it symbolized were synonymous to those of their cause.

By December 15th, the march had swelled to more than 4,000 stretching over a mile long. With the mines at a stand still, word spread that the militia was en route, and the women, dubbed the "Amazon Army" by the New York Times, voluntarily chose to end their march in the hopes of preventing bloodshed. Victory for the marchers and their striking coal miners came the following year when the U.S. Supreme Court ruled that the compulsory arbitration clause of the Industrial Court Law was unconstitutional. Workers still had the right to strike.

적란회

1920년 12월에 결성된 일본사회주의동맹에 뒤이어, 1921년 4월 적란회 赤蘭會 (세키란카이)가 결성돼 사회주의를 조직의 목표로 설정했다. 적란회는 일본 최초의 반제국주의 여성 단체로, 여성의 정치결사 참여가 금지된 시기에 등장했다. 결성 직후 그녀들은 집에서 만든 깃발을 들고 두 번째 메이데이에 참여했고, 다양한 노동운동과 정치조직의 박수를 받았다. 그녀들은 경찰의 극심한 탄압을 받게 됐고, 회원 두 명은 체포돼 장기형을 선고받았다. 탄압이 이어졌지만, 조직의 활동은 적극적이었다. 6월에는 여성 문제에 관한 강좌를 열었고, 7월에는 5일간 여름 강좌를 열었으며, 필요에 따라 신문과 팸플릿을 배포해 책의 날을 기념했다.
같은 해 가을에 군대가 광범위한 작전을 벌이자, 적란회 회원은 민간인 주거 지역에 사는 군인을 대상으로 반군사주의, 반전 선전물을 배포했다. 경찰은 이것을 비밀 출판물로 간주했다. 대중은 이 사건을 적란회가 군대를 좌익화하려는 시도로 봤다. 핵심 회원은 장기형을 선고받았고, 그 결과 매달 정기적으로 갖던 모임이 어려워졌다. 자연스럽게 8개월의 활동 후 조직은 해산됐다. 그러나 대부분의 회원은 평생 동안 사회운동, 여성운동, 반전운동에 헌신했다.

아트워크
나리타 게이스케 成田圭佑
레드아이 Redeye

블레어마운틴 전투

수년 동안의 비인간적 생활과 노동 조건에 저항해 1921년 애팔래치아의 석탄 광부는 파업으로 대응했다. 이 파업은 미국 노동운동 역사상 최대의 무장 봉기였다. 웨스트버지니아, 켄터키, 필라델피아, 오하이오 등지에서 1만 2000명의 노동자가 웨스트버지니아주 커노어 카운티로 몰려들었다. 노조에 적대적인 지역 보안관과 석탄회사는 이들을 공격했다. 수천 명의 분노한 무장 광부는 블레어마운틴의 우거진 언덕과 구불구불한 산길을 달려 노동조합을 위해 싸웠다. 연방군이 투입됐고, 더 이상의 유혈 사태를 피하기 위해 그들은 흩어졌다. 당시 투쟁은 실패로 여겨졌지만, 되돌아보면 블레어마운틴 전투 The Battle of Blair Mountain는 직접적으로 훨씬 더 크고 강력한 노동조합운동으로 이어졌다.

아트워크
크리스 스테인 Chris Stain

침대열차승무원협회

침대열차승무원협회 The Brotherhood of Sleeping Car Porters (&Maids)는 1925년에 시작됐다. 미국 시민권운동의 기초를 마련한 이 노동조합은 아프리카계 미국인의 시민적, 경제적 권리를 추구하는 노동 기반 운동 조직이었다. 여성 지원대 Ladies Auxilary를 비롯해 알파 선거권 클럽 Alpha Suffrage Club에 이르기까지 시카고의 흑인 공동체 여성이 참여해 노동조합은 지지와 회원을 확보했다.

1937년 8월 25일. 그들은 미국의 주요 회사와 만나 새로운 계약을 협상한 최초의 흑인 노동조합이 됐다.

"요구가 없으면 권력은 아무것도 양보하지 않는다. 과거에도 양보하지 않았고, 미래에도 결코 양보하지 않을 것이다."
― 프레더릭 더글러스

아트워크
메러디스 스턴 Meredith Stern

아우구스토 세사르 산디노

"니카라과 산악 지대에서 산디노 Augusto César Sandino (1895-1934) 장군이 농민과 노동자를 이끌고 벌인 6년 전쟁은 수세기에 걸친 외국 지배의 결과이자 동일한 외국 열강에 대한 지배 집단의 반복적 굴복의 결과로 보아야 한다. 도끼와 낡은 소총을 들고 격렬하게 전투를 벌이고, 빈 깡통에 돌과 쇳조각을 채워 폭탄을 만들고, 실제로 짱돌로 적기를 격추시키고, 100배나 더 강한 적을 만나도 항상 높은 사기를 유지하던 그들은 라틴아메리카의 굴곡 많은 역사 속에서 민중의 군대가 등장할 때까지 숨겨져 있었던 무언가를 증명했다. 이제 농민도 자신들의 지도자, 전투에서 단련한 전술, 과정 자체에서 생겨난 논리를 통해 민족 자주를 위한 성공적 투쟁을 조직할 수 있다는 희망찬 전망을 증명했다."
— 세르히오 라미레스 Sergio Ramirez

아트워크
에릭 루인 Erik Ruin

¡VIVA Sandino!

General Sandino's six year struggle in the Nicaraguan mountains leading a handful of campesinos and laborers, must be viewed as the result of centuries of foreign domination of the country and of the repeated surrender by the ruling groups to those same foreign powers. Those men who fought bitterly with their machetes and antiquated rifles, who made bombs from empty tin cans filled with rocks and scrap iron, who brought down enemy planes practically with stones, who always maintained high morale in the face of an enemy a hundred times more powerful—they demonstrated something that until the appearance of that popular army had been concealed in the difficult terrain of Latin American history: the hopeful prospect that campesinos, with their own leaders, with tactics forged in the course of the fight, and doctrines arising from the process itself, could organize a successful struggle for national autonomy.

Sergio Ramirez

Augusto César Sandino 1895-1934

celebrate people's HISTORY

보너스 행진대

1932년 제1차 세계대전의 퇴역 군인 무리가 군복무 채권 지불을 요구하면서 수도 워싱턴을 향해 행진했다. 그들을 보너스 행진대 Bonus Marchers라고 한다. 이후 미국 사회 전체가 그들을 잔인하게 탄압한 후버 행정부에게서 등을 돌렸다. 맥아더 장군은 워싱턴의 애너코스티어플랫에 캠프를 차린 4만 3000명의 보너스 행진대를 진압하기 위해 미군 역사상 최후의 기병대 공격을 이끌었다. 마침내 1936년 퇴역 군인은 복무 채권을 환급받을 수 있었다.

아트워크
아트 헤이즐우드 Art Hazelwood

In 1932 World War I veterans came to Washington DC to demand payment for the service bonds they had been issued. They became known as the Bonus Marchers. Their actions helped turn the country against the Hoover Administration which treated them with brutal repression. General Douglas MacArthur led the last cavalry charge in US Military history against the 43,000 Bonus Marchers camped out on the Anacostia Flats in DC. Finally, in 1936 the veterans were allowed to redeem their service bonds.

하이랜더 포크 스쿨

1931–1961년. 하이랜더 포크 스쿨 Highlander Folk School은 1932년 미국 남부에서 빈민과 노동 계급 민중이 사회를 근본적으로 변화시킬 수 있게 하겠다는 명확한 의도를 가지고 문을 열었다. 그들의 교육철학은 민주주의, 정의, 학습자의 자주성이었다. 이 학교는 1940년대에 노동조합 지도자를 교육하면서 공개적으로 인종 통합을 추구하는 최초의 교육 공간이 됐다. 이로 인해 하이랜더 포크 스쿨은 시민권운동의 중추가 됐으며, 탈인종 분리 워크숍을 개최해, 이를테면 학생비폭력조정위원회 SNCC 같은 인종 문제 단체에 전략 수립 공간을 제공했다. 1961년 테네시 대법원은 하이랜더 포크 스쿨을 폐쇄했다. 남부를 인종 분리 상태로 유지하고 조직 노동을 통제하려는 이들의 도움을 받은 좌파색출운동의 희생양이 됐다. 이후 하이랜더 포크 스쿨은 재등록해 테네시주 뉴마켓으로 옮겨갔다.

"빈민과 노동 민중에게 최상의 교사는 민중 자신이다. 그들은 자신의 경험과 문제에 관한 전문가다."
— 마일스 호턴 Myles Horton (하이랜더 포크 스쿨 설립자)

아트워크
린지 스타벅 Lindsay Starbuck

1932 to 1961 Highlander Folk School

Today: Desegregation Workshop

sept 2005 artwork by lindsay, lindsaydraws@gmail.com
more posters available from www.justseeds.org

Highlander opened its doors in 1932 with the express intent of enabling poor and working class people in the South to radically change society. Its educational philosophy valued democracy, justice and learners' self-empowerment. It became the first openly integrated educational space in the South while training union leaders in the 1940s. This led Highlander to be a nerve center of the civil rights movement, hosting desegregation workshops and providing space for radical groups such as SNCC to strategize. Highlander was closed by the Tennessee Supreme Court in 1961, the victim of a red-baiting campaign aided by those who wanted to maintain a segregated South and keep organized labor under control. Highlander rechartered and moved to New Market, TN. www.highlandercenter.org

celebrate people's history

"the best teachers of poor and working people are the people themselves. they are the experts on their own experiences and problems"
— Myles Horton, founder of Highlander

펀스턴 500

1933년 미주리주 세인트루이스. 펀스턴 Funsten 견과회사에서 일하던 500명의 흑인 여성은 낮은 임금과 비인간적 노동 조건을 핵심 사안으로 내걸고 거대기업에 맞서 성공적인 파업을 전개했다. 이 파업은 미국 역사에서 아프리카계 미국인이 조직한 중서부의 급진적 노동 파업 가운데 하나였다.

아트워크
존 제닝스 John Jennings

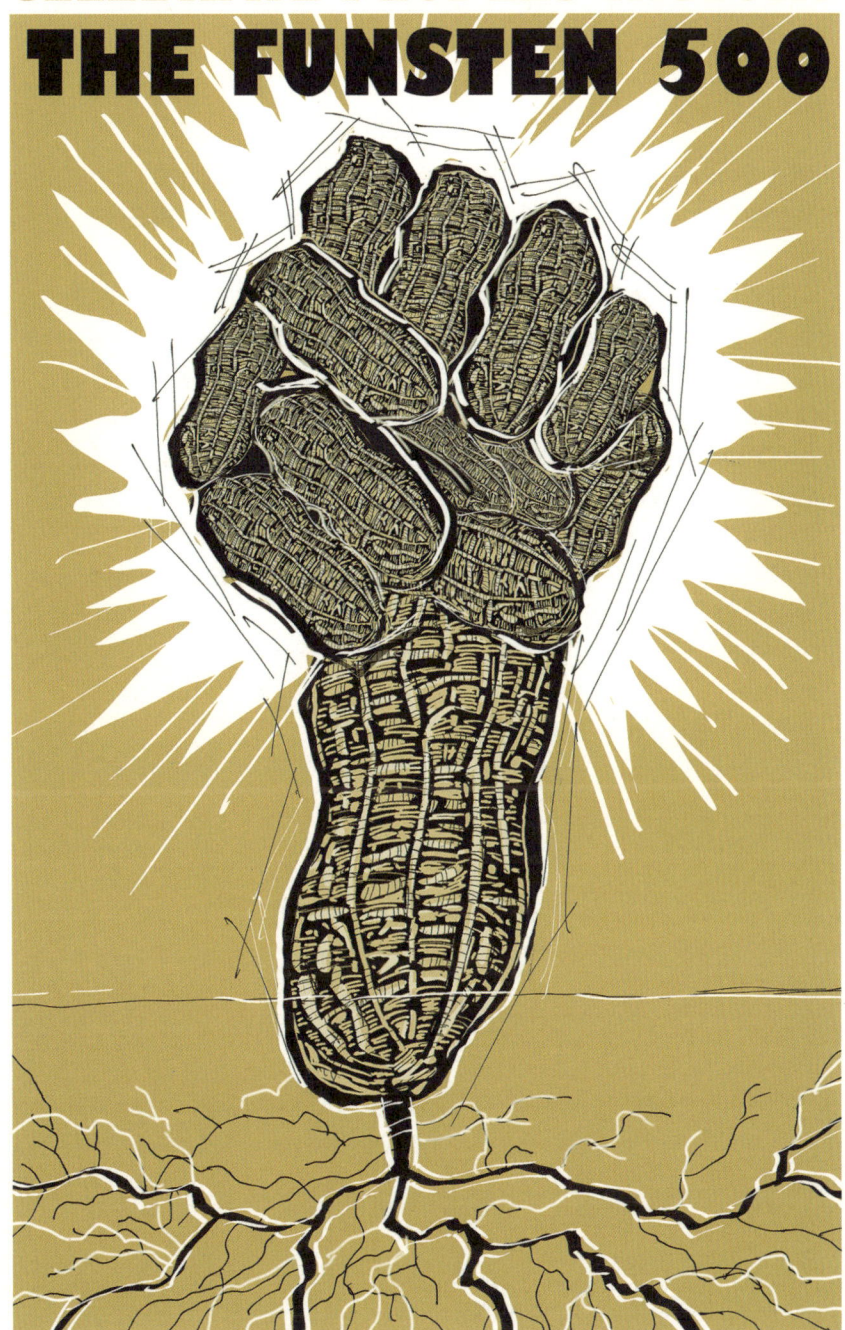

자유여성

에스파냐의 극단적인 성 분열의 시대에 여성의 자유는 심하게 제한받았다. 여성의 이런 상황에 대응해 바르셀로나와 마드리드에서 두 개의 무정부주의 여성 단체가 혁명 이전 2년 동안 조직화를 시작했다. 혁명을 준비하던 그들은 여성 활동가 네트워크를 구축했고, 곧 두 조직이 통합해 1936년 9월 자유여성 Las Mujeres Libres을 결성했다. 3000명 이상의 자유여성은 여성운동과 무정부주의운동의 동맹을 옹호했고, 더 많은 여성이 CNT(Confederacion Nacional de Trabojo, 아나코-생디칼리스트 노동조합)에 참여했으며, '무지로 인한 노예화, 생산자로서의 노예화, 여성으로서의 노예화로부터 자신을 해방하기' 위해 의식화 교육을 진행했다. 에스파냐의 사회혁명은 자유여성 같은 이들이 주도하여 억압적인 순응주의 사회에서 근본적 변화가 일어나도록 압력을 가했다.

아트워크
크리스티 로드 Cristy C. Road

플린트 연좌농성 파업

연좌농성 파업은 사장을 괴롭게 한다.

비록 미시건주의 경제적 미래가 위기에 처했지만, 노동 계급 급진주의의 온상이었던 미시건의 역사는 부정할 수 없는 것이다. 전미자동차노조 United Auto Workers는 설립된 지 1년 후인 1936년 자동차산업의 억압적인 포드주의 전술에 맞서 노동자를 조직하기 시작했다. 같은 해 12월 노동자는 경영진이 기계를 다른 공장으로 빼돌리는 것을 막기 위해 전략적 작전의 일환으로 미시건주 플린트에 있는 피셔 차체 1공장을 점거했다.

점거 후 노동자는 공장 내부에서 민주적 구조를 수립했고, 농성 파업을 도시의 다른 공장으로 확산시켰다. 그들은 집단적으로 뭉쳐 외부 세력이 공장에 들어오는 것을 막았다. 역사에는 자주 기록되지 않았지만, 처음으로 흑인과 여성 노동자가 대규모로 농성에 참여했다. 농성이 이어지는 동안 공장 안에 있던 유일한 흑인 노동자인 로스코 밴 잰트 Roscoe Van Zandt 같은 인물은 지금도 미시건과 노동 계급에 희망의 혼으로 남아 있다.

연대여, 영원히*!*

아트워크
딜런 마이너 Dylan A. T. Miner

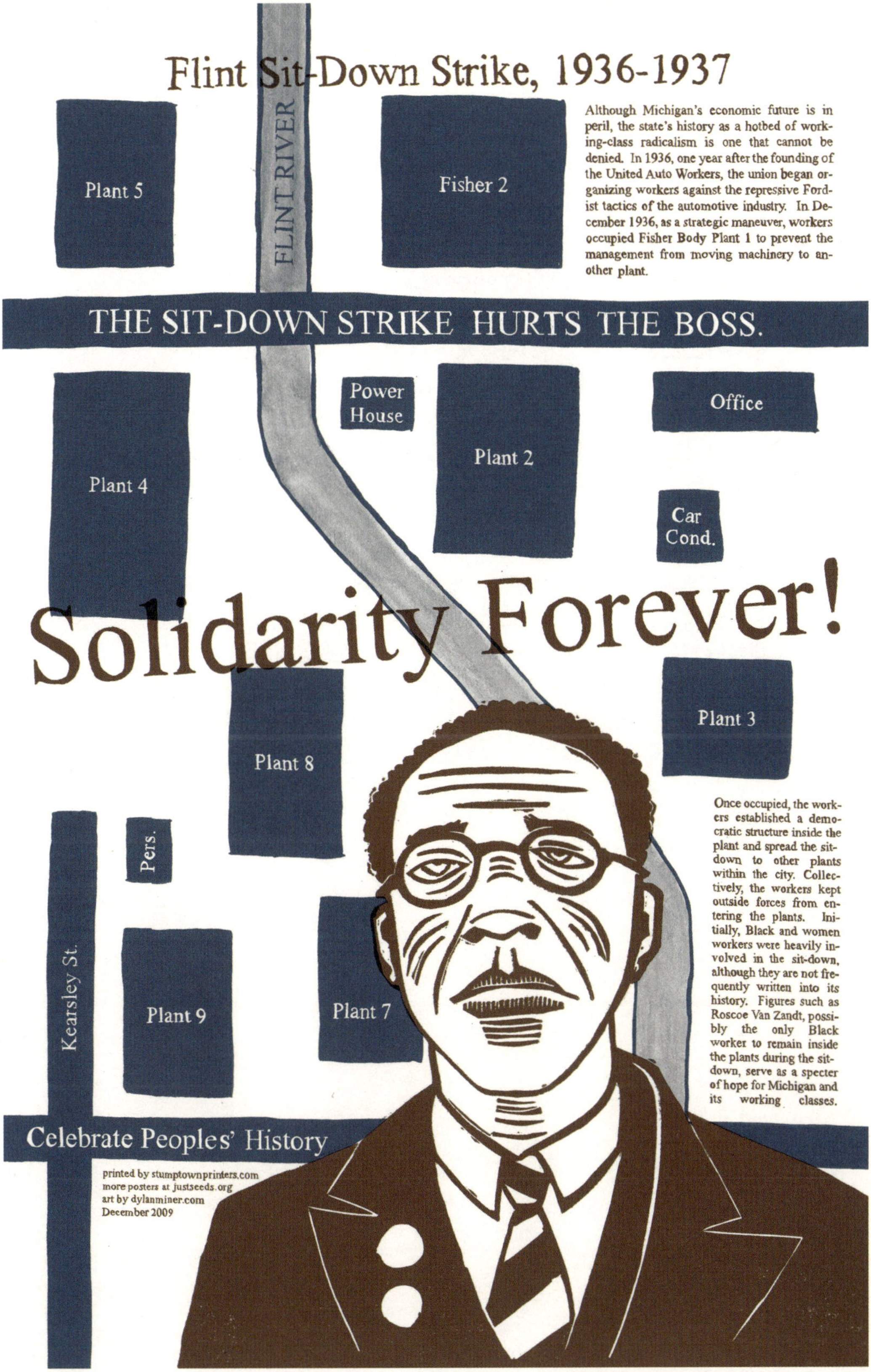
Flint Sit-Down Strike, 1936-1937
Although Michigan's economic future is in peril, the state's history as a hotbed of working-class radicalism is one that cannot be denied. In 1936, one year after the founding of the United Auto Workers, the union began organizing workers against the repressive Fordist tactics of the automotive industry. In December 1936, as a strategic maneuver, workers occupied Fisher Body Plant 1 to prevent the management from moving machinery to another plant.
Plant 5
FLINT RIVER
Fisher 2
THE SIT-DOWN STRIKE HURTS THE BOSS.
Power House
Office
Plant 4
Plant 2
Car Cond.
Solidarity Forever!
Plant 3
Plant 8
Pers.
Once occupied, the workers established a democratic structure inside the plant and spread the sit-down to other plants within the city. Collectively, the workers kept outside forces from entering the plants. Initially, Black and women workers were heavily involved in the sit-down, although they are not frequently written into its history. Figures such as Roscoe Van Zandt, possibly the only Black worker to remain inside the plants during the sit-down, serve as a specter of hope for Michigan and its working classes.
Kearsley St.
Plant 9
Plant 7
Celebrate Peoples' History
printed by stumptownprinters.com
more posters at justseeds.org
art by dylanminer.com
December 2009

두루티 부대

1936년 7월 프랑코 장군의 파시스트 군대가 에스파냐공화국에 대항해 반란을 일으킨 직후, 부에나벤투라 두루티 Buenaventura Durruti는 파시스트와 맞서 싸우기 위해 2000명의 무정부주의 노동자로 구성된 두루티 부대를 이끌었다. 전형적인 군부대와 다른 이 부대는 병사가 스스로 조직했고, 그들에게 계급은 최소한의 의미만 있을 뿐, 각 단위 부대가 장교를 선출했다. 사라고사에서 두루티 부대는 훨씬 더 강한 파시스트 부대를 격퇴했다. 1936년 말 마드리드가 독일과 이탈리아로부터 폭격을 받자, 4000명으로 늘어난 두루티 부대는 마드리드로 이동해 전투에 참가했다. 11월 22일 두루티는 사망했다. 그러나 부대는 전쟁이 끝날 때까지 계속 투쟁했다.

두루티 부대가 에스파냐 농촌의 사회혁명에서 수행한 역할은 그들의 군사적 승리만큼 중요했다. 그들은 이동 경로를 따라 농업 집단농장 설립을 지원했고, 직접 민주주의를 추구한 아라곤 평의회의 수립을 도왔다. 지역 정당의 우두머리와 부유한 지주는 공포에 질려 도주했다. 그들은 또 사회혁명은 전쟁에서 승리한 이후까지 기다려야 가능하다고 믿었던 권위주의적 공산당과 사회당을 당혹스럽게 했다.

아트워크
조시 맥피 Josh MacPhee

디즈니 만화영화 제작 노동자 파업

월트 디즈니의 ⟨백설공주와 일곱 난쟁이⟩는 1938년 기록적인 수익으로 영화사에 족적을 남겼다. 그러나 이 만화영화를 만든 노동자는 아무런 보상을 받지 못했고, 그 대신 저임금과 일시해고에 직면해야 했다. 만화영화제작노동조합 Screen Cartoonists' Guild 제858할리우드 지부는 MGM 및 루니 툰스와 노동조합 단체협약을 맺는 데 성공했고, 협상을 개시하려고 노력했다. 그러나 디즈니는 노동조합 인정을 거부했다. 1938년 5월 29일 만화영화 노동자는 파업에 들어갔다. 5주간의 파업은 루스벨트가 연방 중재단을 파견하면서 끝이 났다. 중재단은 급여에서 스크린 크레디트에 이르기까지 노동조합에 유리하게 판결을 내렸다.

노동조합 결성 이후 디즈니의 분위기는 조합원으로서는 참을 수 없는 상태가 되어갔다. 여러 명의 작가가 디즈니를 떠나 다른 만화영화 제작사 (United Productions of America)를 차렸고, 이 스튜디오는 1950년대에 모던한 스타일의 애니메이션을 만들어냈다. 반면 디즈니는 반미활동위원회에 출석해 파업 지도자가 공산당원일 것이라고 증언했다. 많은 예술가가 블랙리스트에 올랐다.

아트워크
린지 스타벅 Lindsay Starbuck

1941 Disney animators strike

Walt Disney's Snow White and the Seven Dwarfs made the studio record profits in 1938. Yet its animators received no credits, and were instead left facing low wages and lay-offs. The Screen Cartoonist's Guild Local #858 Hollywood had won union contracts with MGM and Looney Tunes, and tried to open negotiations. But Disney refused to recognize the union, and on May 29th, the animators went to the picket line. The five-week strike only ended when FDR sent in federal mediators. They found in the guild's favour on every issue, from pay to screen credits.

After unionization, the atmosphere at Disney became intolerable for guild members. Several left to form United Productions of America, the studio that defined the modernist style of animation in the 1950s. Disney, meanwhile, testified before the House Un-American Activities Committee that he believed the strike leaders were communists. Many of his former artists were blacklisted.

june 2009 artwork by lindsay, lindsaydraws@gmail.com   more posters available from www.justseeds.org

백장미

1933년에 히틀러가 권력을 장악하자, 여러 저항 단체가 정권에 맞서 싸웠다. 백장미 The White Rose는 1942년에 조직됐고 뮌헨이 주요 활동 무대였다. 회원은 한스와 소피 숄, 크리스토프 프롭스트, 빌리 그라프, 알렉산더 슈모렐 등의 학생과 쿠르트 후버 교수였다. 많은 역경과 무거운 탄압이 가해졌지만, 그들은 나치에 반대하는 여섯 가지 리플릿을 인쇄해 배포했고, 거리에 페인트로 '히틀러를 타도하자', '자유' 같은 슬로건을 썼다.

"저항운동을 지지하라 — 리플릿을 널리 뿌리자!"
— 백장미

아트워크
니콜라스 간츠 Nicholas Ganz

해리 헤이

해리 헤이 Harry Hay (1912–2002)는 1948년 미국 동성애권리운동의 첫 선언문을 작성했다.

"우리는 그들의 눈을 통해 살아가는 법을 알게 된다. 우리가 늘 그들이 바라는 대로 행동할 수는 있지만, 그렇게 함으로써 우리는 우리 스스로를 부정하게 된다. 당신을 휘감고 있는 관습의 허물에서 벗어나지 못한다면, 당신은 자기 안에 있는 참모습을 억누르는 것이나 마찬가지다."

아트워크
미리엄 클라인 슈탈 Miriam Klein Stahl

CELEBRATE PEOPLES HISTORY

Harry Hay composed the first manifesto of the American Gay Rights Movement in 1948

"WE know how to live through their eyes. We can always play their games, but are we deneying ourselves by doing this? If your going to carry the skin of comformity over you, you are going to supress the beautiful prince or princess within you"

그레이스 리와 지미 보그스

"혁명은 쓰라린 경험이 아니라, 열망의 선언에 기초해야 한다."

그레이스 리 Grace Lee (1915-2017)와 지미 보그스 Jimmy Boggs (1919-1993). 열정적 혁명가이자 조직가, 운동의 창건자, 작가인 이들은 탈산업화하는 디트로이트의 가혹한 현실에서 더 나은 세상을 시각화하고 창조하기 시작했다. 그들은 해결책을 만들어내기 위해 인류를 한데 모으기 시작했다. 소속감에 호소하고, 공동선(共同善)이라는 관념을 믿었다. 그리고 처음부터 다시 시작했다.

아트워크
벡 영 Bec Young

제임스 볼드윈

"미국에서 의식화된다는 것은 항상 분노하며 산다는 뜻이다."
— 제임스 볼드윈 James Baldwin (1924–1987)

아트워크
존 제닝스 John Jennings

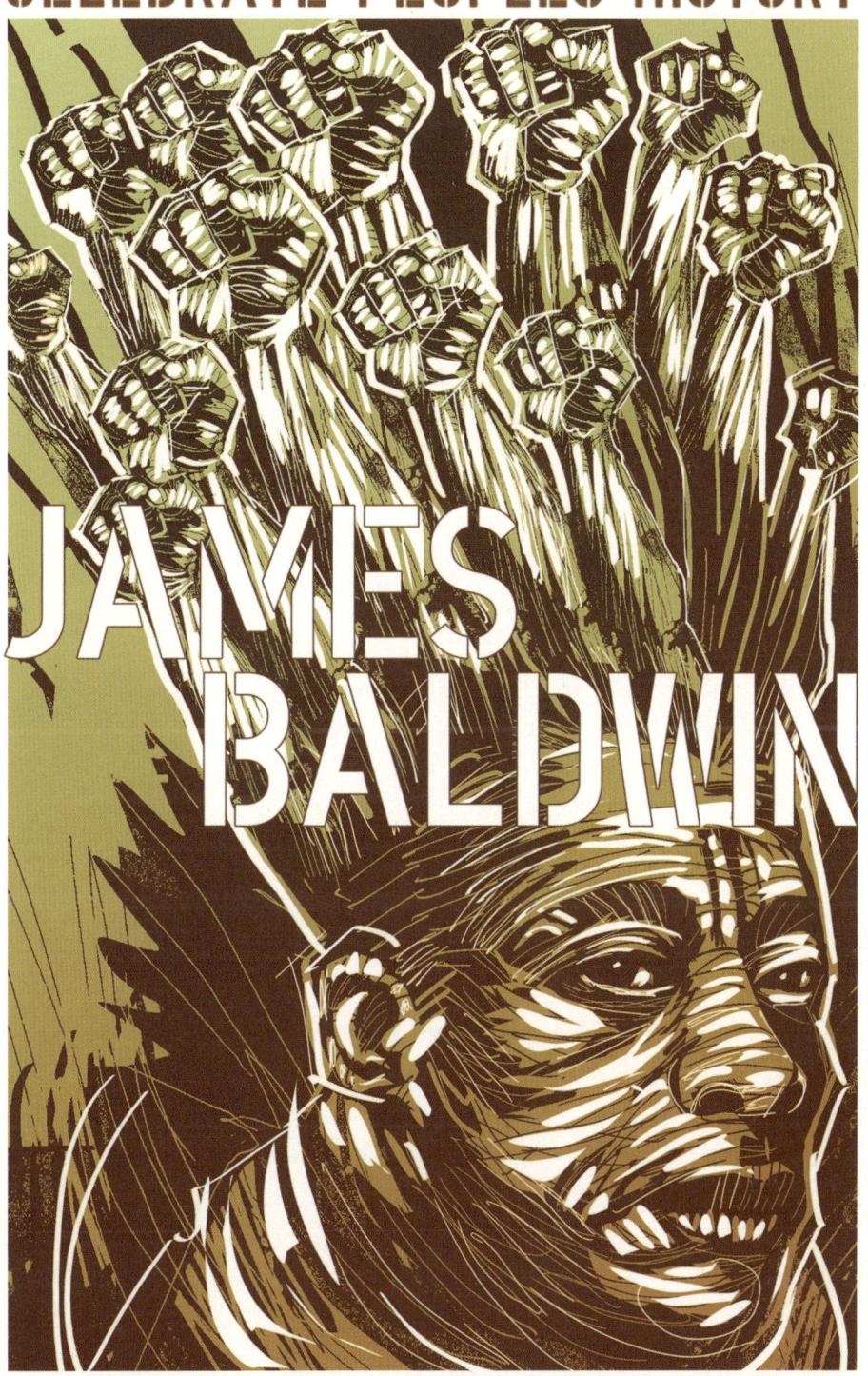

제인 제이콥스

1960년대에 작가이자 활동가, 도시 문제 전문가인 제인 제이콥스 Jane Jacobs (1916-2006)와 그녀의 그리니치빌리지 이웃은 맨해튼 남부의 고속도로 철거 계획을 저지했다.

'도시 재생'이라는 이름으로 전후의 도시 계획자는 오래된 동네를 해체하고 있었다. 제이콥스는 민중의 저항을 대변했다. 그녀는 도시를 밀도와 다양성으로 번성하는 살아 있는 유기체로 보았다. 어떤 대규모 계획도 더 이상 지역사회의 동의 없이는 강요할 수 없게 됐다.

아트워크
새브리너 존스 Sabrina Jones

누에바 칸시온

누에바 칸시온 Nueva Canción ('새 노래'라는 뜻, 사회 참여적 노래 장르 또는 운동)은 아타우알파 유판키가 아르헨티나에서 시작했다. 그의 기타는 누에바 칸시온의 목소리가 됐고, 그의 망명은 누에바 칸시온을 탄생시켰다. 누에바 칸시온은 또한 비올레타 파라가 평생의 노래를 모아 모든 사람에게 나누어준 칠레에서도 시작됐다. 또 빅토르 하라가 산티아고 거리에 떨어지는 최루탄의 리듬에 맞춰 노래를 작곡했을 때도 시작됐다.

수많은 누에바 칸시온의 목소리가 피노체트의 총알에 맞아, 그리고 세계의 침묵으로 인해 칠레에서 죽었다. 하지만 여전히 우리는 빅토르 하라의 노래를 듣고 있고, 군중의 목소리를 통해서도 들을 수 있다. "걷고 또 걸으면서 나는 길을 찾고 있고, 계속 걷는다네…"
이 노래는 미완성으로 남아 있다.

아트워크
이언 와이스먼 Eian Weissman

NUEVA CANCIÓN
CELEBRATE PEOPLE'S HISTORY

Nueva cancion (new song) began in Argentina with a man called Atahualpa Yupanqui whose guitar became its voice, and whose exile became its birth. It began in Chile where Violeta Parra gathered a life of songs and gave them all away.

It began as Victor Jara wrote songs to the rhythm of falling canisters of tear gas, on the streets of Santiago.

Many of its voices died there, from Pinochet's bullets and from a world's silence. Yet still we hear Victor Jara, audible through the noise of the crowd, "walking, walking. I am looking for a road, to continue walking..."

The song remains unfinished...

마츠펜

마츠펜 Matzpen (나침반)은 반시온주의에 기초해 이스라엘에서 건설된 최초의 좌파 조직이다. 출판물과 항의 시위를 통해 마츠펜은 정착민 식민주의에 대항한 팔레스타인의 자결을 지지했다. 회원은 대부분 유대인이지만, 마츠펜은 이스라엘계 유대인과 팔레스타인계 아랍인을 단결시켜 두 민족을 위한 민족적 권리와 그 지역에 사는 모든 민중이 완전한 시민권을 갖는 공유국가를 만들기 위해 투쟁을 시작했다. 40년 이상 벌여온 마츠펜의 비전과 활동은 이스라엘을 근본적으로 변화시키려는 노력에 영향을 미쳤다.

"이스라엘의 탈시온주의화와 이스라엘의 아랍 국가 사회주의연방과의 통합, 이것이 문제 해결의 길이다."

아트워크
댄 버거 Dan Berger
조슈아 칸 러셀 Joshua Kahn Russell

엘 하즈 말리크 샤바즈

"우리의 과거를 알면 우리는 미래를 위한 길을 개척할 수 있다. 오직 우리가 어디에 있었는지 아는 것만으로도 현재 우리가 어디에 있는지 알 수 있고, 어디로 가길 원하는지 예상할 수 있다."
— 맬컴 엑스

엘 하즈 말리크 샤바즈 El Hajj Malik Shabazz를 추모하며,
1925년 5월 19일–1965년 2월 21일

아트워크
조시 맥피 Josh MacPhee

돌로레스 우에르타

1930년 4월 10일에 태어난 치카나 (멕시코계 미국인 여성) 노동운동 지도자인 돌로레스 우에르타 Dolores Huerta는 농업노동자노동조합 United Farm Workers Union (UFW)의 공동 창립자이자 부위원장이었다. 그녀는 이주 농업노동자의 정의와 존엄을 위한 투쟁에 평생을 헌신했다. 우레르타는 UFW의 전국 포도 보이콧 캠페인을 지도해 획기적인 농업노사관계법(1975)을 통과시켰고, 농업노동자의 권리장전을 확립했다. 또 생활 임금, 농장에서 사용할 수 있는 깨끗한 물과 화장실, 위생적인 주거, 건강보험, 성희롱과 폭행 없이 일할 자유 등을 위한 투쟁을 계속했다. 2006년에도 여전히 시민권과 비폭력 활동을 위한 투쟁 전선에서 그녀를 볼 수 있다.

아트워크
보비 코르테스 Bobby Cortez
블레이크 라일리 Blake Riley

무하마드 알리

"루이빌에서 이른바 니그로 형제가 개 같은 대우를 받는데,
내가 왜 베트남의 갈색 민중에게 폭탄과 총탄을 떨어뜨려야 하는가?"
— 무하마드 알리 Muhammad Ali (1942–2016), 1967년

아트워크
콜린 마테스 Colin Matthes

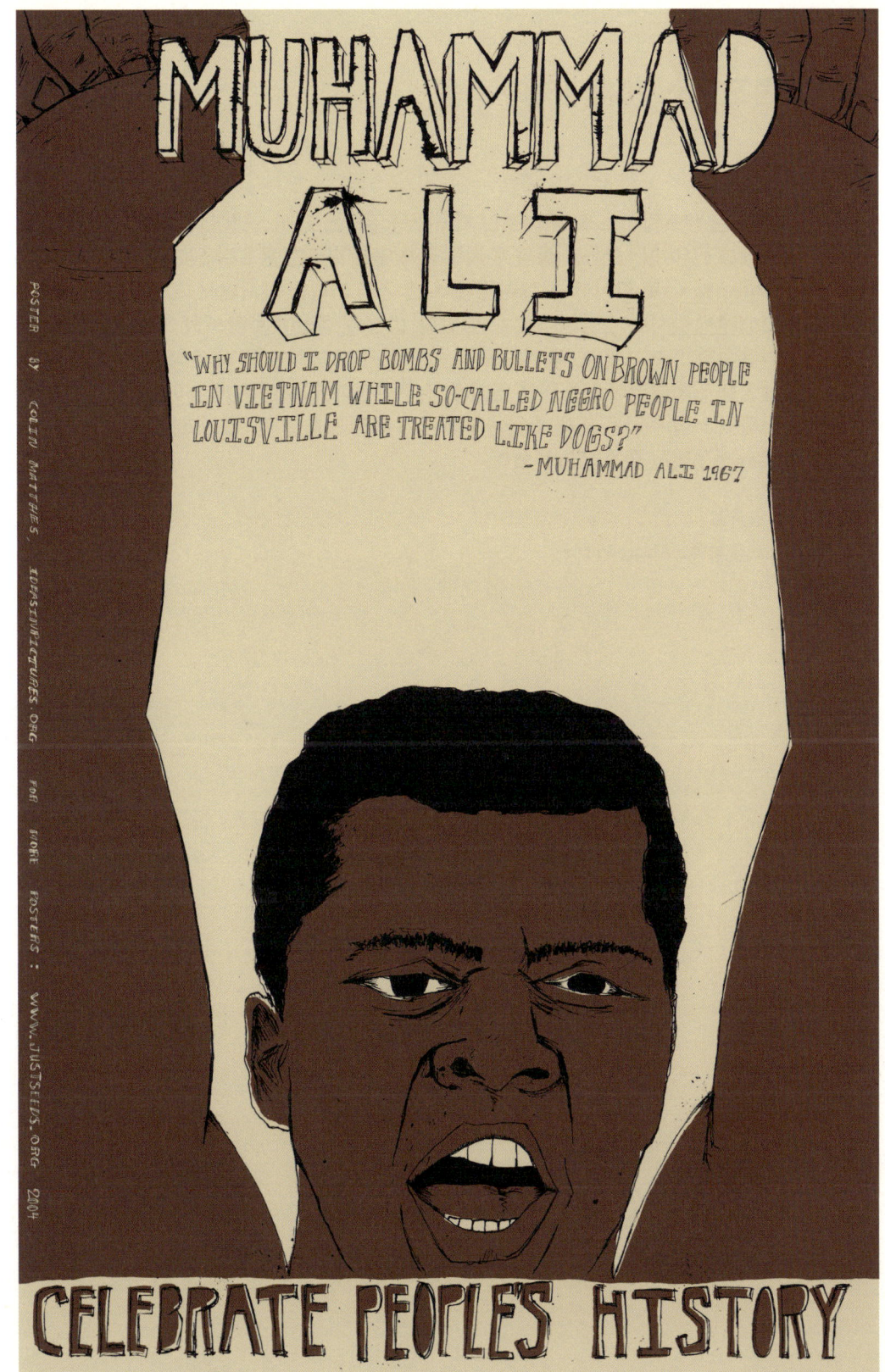

콤프턴스 카페테리아 폭동

1966년 샌프란시스코. 텐더로인 지구에서 일하는 트랜스젠더 여성과 드래그 퀸(여장 남성)은 일과 후 자주 카페테리아인 진 콤프턴스 Gene Compton's로 피신했다. 그들은 몇 시간 동안 커피를 마시면서 거리의 고생에서 잠시나마 벗어나 쉴 수 있었다. 그런데 주인이 차별하여 그들을 괴롭히자, 드래그 퀸은 '뱅가드 Vanguard(전위)'라는 이름의 조직을 결성해 카페테리아 이용권을 얻기 위해 투쟁했다. 감시에 실패한 어느 여름날 저녁 주인은 드래그 퀸을 쫓아내기 위해 경찰을 불렀고, 그들이 맞서 싸우면서 폭동이 발생했다.

아트워크
안드레 페레스 Andre Perez

Compton's Cafeteria Riot

San Fransisco 1966

Celebrate People's History

Transwomen and drag queens working in the tenderloin district of San Fransisco often took refuge in Gene Compton's, an after-hours cafeteria. They would buy coffee and stay for hours, temporarily escaping the troubles of the street. After the owner began harassing them with discriminitory policies, the Queens formed an organization named Vanguard to fight for thier rights to use the cafeteria. On a hot summer evening after an unsucessful picket, the owner summoned police to evict the queens and a riot broke out as they fought back.

브라운 베레

브라운 베레 Brown Berets는 1960년에 로스앤젤레스에서 결성된 치카노(멕시코계 미국인 남성) 조직이다. 그들은 모든 곳에서 치카노의 해방을 옹호하고 그것을 위해 투쟁했다. 1968년 그들은 학교 교육의 평등을 요구하며 로스앤젤레스 동부에서 대규모 동맹휴학을 조직했다.

아트워크
훌리오 코르도바 Julio Cordova

다지 혁명적 노동조합운동

1967년 7월 23일, 디트로이트에서 심각한 인종 갈등으로 인한 폭동이 일어났다. 주방위군이 동원됐고 도시는 통행이 금지됐다. 디트로이트에 있는 빅 3 자동차 회사의 신분증을 가진 노동자를 제외한 그 누구도 식료품 가게나 병원에 갈 수 없었다.

이로 인해 자동차 회사의 흑인 노동자는 자신들의 노동으로 사회에서 가장 가치 있는 지위와 집단적 힘을 갖게 됐다고 믿었다. 그들은 전미자동차노조 UAW와 자동차 회사의 인종주의적 관행에 개별적으로 대항하기 시작했고, 스스로 조직해야 한다는 것을 배웠다.

다지의 핵심 공장인 햄트램크에서 사측이 조립 라인의 속도를 올리자 1968년 5월 2일 살쾡이 파업(노조의 허가 없이 하는 일부 노동자의 비공인 파업)이 시작됐다. 이 파업에서 다지 혁명적 노동조합운동 Dodge Revolutionary Union Movement(DRUM)이 탄생했다. 다른 공장 노동자도 스스로 조직하기 시작했고, 곧 리버루지의 포드 공장과 엘던 애버뉴의 크라이슬러 공장에서도 혁명적 노동조합운동 조직이 생겨났다. 혁명적 노동조합운동 모델은 많은 흑인 노동자가 숙련공으로 일하는 다른 산업으로 급속하게 퍼졌다. 혁명적 노동조합운동의 정신과 투쟁은 지금도 디트로이트에 계속 남아서 오늘날의 디트로이트를 형성하고 있다.

아트워크
벡 영 Bec Young

젊은 예수 조직

"푸에르토리코는 내 마음 속에 있다 Tengo Puerto Rico en mi corazon."

젊은 예수 조직 Young Lords Organization은 1968년 시카고의 푸에르토리코계 거리 폭력 조직이 정치 투쟁과 지역사회 봉사단체로 전환하면서 태어났다. 검은표범당 Black Panther Party의 영향을 받은 이 조직은 개발업자, 경찰, 시청 등에 맞섰다. 그들은 유치원 아침 급식, 지역사회 의료 봉사 등의 프로그램을 운영했고, 주거권을 방어했다. 표범당, 애팔래치아 청년애국단 등과 더불어 그들은 지역사회의 공동 이익을 위해 투쟁하는 '무지개 연합 Rainbow Coalition'을 결성했다. 그들에게 영향을 받아 다른 도시에서도 비슷한 조직이 결성됐다.

아트워크
리카르도 레빈스 모랄레스 Ricardo Levins Morales

벽에 박아, 씹 새끼들아

공개적으로 말하기 힘든, '벽에 박아, 씹 새끼들아 Up Against the Wall, Motherfucker!'라는 이름의 혁명적 예술 집단을 소개한다. 누가 1969년에 우드스톡 페스티벌에서 철조망을 없앴는가? 누가 유명한 시인 케네스 코크에게 공포탄을 발사했는가? 누가 컬럼비아 대학을 접수했는가? 누가 웨더 언더그라운드 Weather Underground[14]와 이피 Yippie[15]에게 영감을 줬는가? 누가 텔레비전에서 '퍽 fuck'이란 단어를 발설하기 시작했는가? 그리고 누구의 악명 때문에 그들은 역사상 가장 급진적인 조직으로부터 배제됐는가?

아트워크
제임스 데이비드 모건 James David Morgan

[14]
미국의 전투적 신좌파 무장 투쟁 조직.
[15]
미국 신좌파의 대항문화 counter-culture. 이름(Youth International Party)만 정당일 뿐, 활동은 거리 정치 풍자 등 문화 투쟁에 초점을 맞추었다. 돼지(불멸의 페가수스)를 1968년 대통령 후보로 출마시키기도 했다.

밀워키 14인

1968년 9월 24일 다섯 명의 사제와 한 명의 목사를 포함한 열네 명이 밀워키 모병사무소에서 거의 1만 명의 징집자 파일을 빼낸 후 사제 네이팜탄으로 불태워버렸다.

아트워크
브랜던 바워 Brandon Bauer

인터내셔널 호텔

저소득층의 주거용 건물인 인터내셔널 호텔은 샌프란시스코 역사에서 가장 극적인 주거권 투쟁의 장이었다. 1970년대 아시아계 미국인의 활동 중심지였던 이 건물에는 거의 150여 명의 필리핀계와 중국계 노인, 세 개의 지역사회 단체, 미술 작업장, 급진적 서점, 세 개의 아시아계 신문사가 입주해 있었다. 인터내셔널 호텔은 마닐라타운의 마지막 블록에 있었다. 마닐라타운은 한때 번성했던 필리핀 사람들의 마을이었지만, 점차 확장되는 샌프란시스코 금융 지구로 대체되고 있었다.

1968년에서 1977년까지 호텔의 주인은 주민을 몰아내고 주차장을 지으려고 시도했다. 거의 10년 동안 퇴거에 저항해온 세입자는 대중적 기반을 가진 다인종 동맹을 조직했고, 여기에 학생, 노동조합, 교회 등이 참여했다. 1977년 8월 4일 새벽 3시, 마지막 퇴거 조치가 행해지는 동안 약 3000명 이상이 곤봉을 휘두르는 수백 명의 전투경찰에 맞서 인터내셔널 호텔을 지키려고 애썼다. 하지만 그들의 노력은 실패하고 말았다. 건물은 1979년에 폭파됐고, 그곳은 20년간 빈 구덩이 상태로 버려져 있었다. 여러 지역 단체의 노력으로 2005년 인터내셔널 호텔은 다시 지어졌고, 저소득 노인 가구에 104개의 객실이 제공됐으며, 마닐라타운의 유산을 이어갈 수 있는 커뮤니티 센터도 입주했다.

아트워크
클로드 몰러 Claude Moller
마닐라타운 헤리티지 재단 Manilatown Heritage Foundation (그림)
제리 주 Jerry Jew, 시위대 대변인인 와하트 탐파오 Wahat Tampao (호텔 사진)
크리스 후지모토 Chris 藤本 (사진)

THE INTERNATIONAL HOTEL

The International Hotel was a low-income residential hotel that became the most dramatic housing-rights battleground in San Francisco history. As a center for Asian American activism in the 1970s, the building housed nearly 150 Filipino and Chinese seniors, three community groups, an art workshop, a radical bookstore and three Asian newspapers. The I-Hotel stood on the last remaining block of Manilatown, a once-thriving Filipino neighborhood that was gradually displaced by San Francisco's expanding financial district.

From 1968 to 1977, landlords of the hotel tried to evict the residents and build a parking lot. Resisting eviction for almost a decade, the tenants organized a mass-based, multiracial alliance which included students, unions and churches. During a final 3am eviction on August 4, 1977, over 3,000 people unsuccessfully defended the I-Hotel from hundreds of club-wielding riot police. The building was demolished in 1979, and it remained a vacant hole for over two decades. Thanks to a concerted effort by local neighborhood groups, the I-Hotel was rebuilt in 2005, providing 104 units of low-income senior housing and a community center to continue the legacy of Manilatown.

Poster: *Claude Moller Aug. 2009*
Images: Manilatown Heritage Foundation. I-Hotel photo: *Jerry Jew*
Demonstrators/spokesperson Wahat Tompao photo: *Chris Fujimoto*

CELEBRATE PEOPLE'S HISTORY
MANILATOWN.ORG - JUSTSEEDS.ORG

프레드 햄프턴

프레드 햄프턴 Fred Hampton (1948-1969)은 검은표범당 지도자로, 1969년 12월 4일 시카고 경찰에게 살해됐다. 경찰은 가짜 영장과 상세한 평면도를 가지고 새벽 4시에 햄프턴의 아파트를 기습했다. 경찰은 100발의 총격을 가해 검은표범당원 마크 클라크를 죽였고, 근접 사격으로 햄프턴을 의식불명 상태에 빠지게 한 후 살아남은 검은표범당 활동가들을 구타하고 체포했다. FBI 프락치는 평면도를 제공했고 습격 전에 햄프턴에게 마약을 주사했다. 당시 21세였던 햄프턴은 무료 급식, 교육, 의료 프로그램을 내세우며 전국에서 가장 강력한 검은표범당 지부를 조직했다. 1969년 햄프턴은 당의 전국 대변인이 됐고, 구속과 재판, 망명으로 파괴된 지도부를 대신했다. 검은표범당의 전투성에 위협을 느낀 미국 정부는 경찰 폭력, 불법 체포, 장기형, 불법적 괴롭힘 등으로 검은표범당을 공격했다. 1982년 사건 당시 살아남은 당원들과 햄프턴 및 클라크의 가족은 185만 달러가 걸린 민사소송에서 승리했지만, 시카고 경찰의 범죄 혐의에 대한 형사 기소는 이뤄지지 않았다.

아트워크
클로드 몰러 Claude Moller

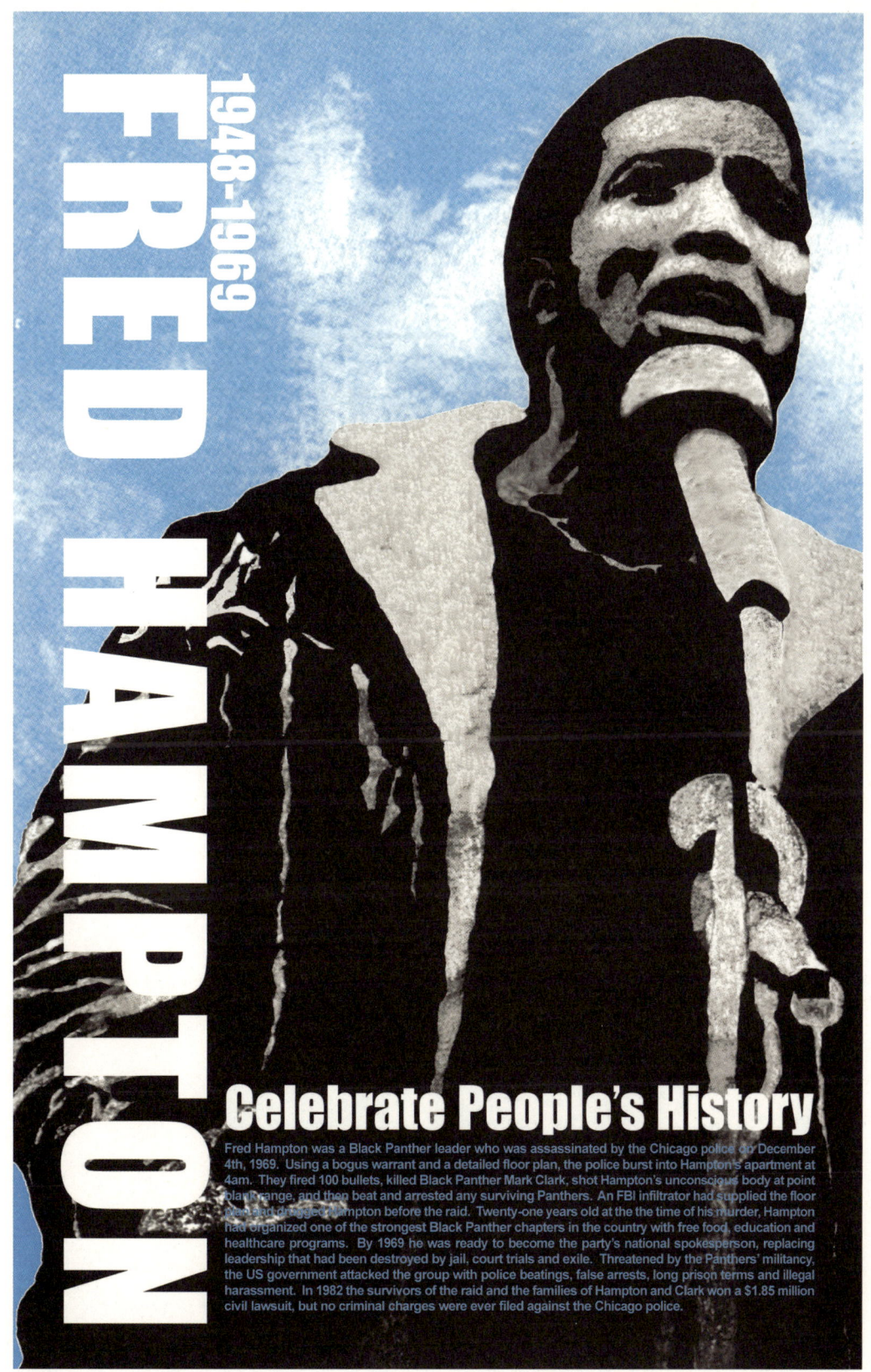

1948-1969 FRED HAMPTON

Celebrate People's History

Fred Hampton was a Black Panther leader who was assassinated by the Chicago police on December 4th, 1969. Using a bogus warrant and a detailed floor plan, the police burst into Hampton's apartment at 4am. They fired 100 bullets, killed Black Panther Mark Clark, shot Hampton's unconscious body at point blank range, and then beat and arrested any surviving Panthers. An FBI infiltrator had supplied the floor plan and drugged Hampton before the raid. Twenty-one years old at the the time of his murder, Hampton had organized one of the strongest Black Panther chapters in the country with free food, education and healthcare programs. By 1969 he was ready to become the party's national spokesperson, replacing leadership that had been destroyed by jail, court trials and exile. Threatened by the Panthers' militancy, the US government attacked the group with police beatings, false arrests, long prison terms and illegal harassment. In 1982 the survivors of the raid and the families of Hampton and Clark won a $1.85 million civil lawsuit, but no criminal charges were ever filed against the Chicago police.

앨커트래즈 점거

"1492년부터 1969년 11월 9일 현재까지 인디언 주민은 족쇄에 묶여 있었다. 앨커트래즈는 그 속박에서 벗어나는 길이다."
— 존 트루덜 John Trudell, ‹라디오 자유 앨커트래즈 Radio Free Alcatraz›

자칭 '모든 인디언 부족 Indians of All Tribes'이라는 이름의 아메리칸인디언 학생과 도시 인디언 연합은 1969년부터 1971년까지 미국의 원주민 및 토지 지배에 저항할 것을 호소하기 위해 샌프란시스코 앞바다의 앨커트래즈섬을 점거했다. 이 연합은 뉴스레터와 여러 도시의 라디오 방송을 통해 점거 사실을 널리 알렸다. 그 후 1972년의 워싱턴 인디언 업무청 사무국 점거와 1973년의 운디드니 재점거 등과 같은 원주민의 저항운동이 일어났다.

아트워크
조시 맥피 Josh MacPhee

라사의 7인

라사의 7인 Los Siete de la Raza은 1969년 5월 1일 경찰을 살해한 혐의로 기소된 샌프란시스코 미션 지구 출신의 청년 일곱 명을 가리킨다. 이들의 재판은 샌프란시스코만 지역에 거주하는 남녀 라티노의 의식을 각성시키는 결정적 계기가 됐다. 지역사회가 18개월 동안 노력하여 결국 일곱 명 모두 무죄로 석방됐다. 이때 활동한 7인 방어위원회는 그 후 급진적 지역사회 조직으로 변신하여 자결과 '민중 봉사' 원칙에 입각해 무료 아침 급식, 무료 의료 시설, 노동자 식당, ‹바스타 야! Basta Ya! ('충분하다'는 뜻)› 신문 발간 등의 일을 시작했다. 또한 제3세계의 혁명적 국제주의를 발전시켰고, '라사 Raza (멕시코계 미국인)'라는 내포적 개념을 실천해 라티노 투쟁을 앨커트래즈 점거, 검은표범당, 푸에르토리코 젊은 예수 조직 등 다른 유색인종 커뮤니티의 투쟁과 연결했다. 라사 7인이 제기한 문제, 즉 경찰 탄압, 도시 미화, 배신한 지도자에 대한 저항, 민중 주도 프로그램과 자선단체 또는 정부 의존, 지역사회 조직화와 문화 사업의 연결, '혁명적' 기조와 지역사회 기반을 동시에 유지하는 과제 등은 오늘날의 투쟁에서도 여전히 유효하다.

아트워크
페르난도 마르티 Fernando Martí

remember los siete!

Los Siete de la Raza eran siete jovenes de la Misión de San Francisco, acusados de matar a un policia el primero de mayo de 1969. Su juicio fué un momento clave en la conciencientización de Latin@s en la Bahía. Despues de un juicio de 18 meses que mobilizó a la comunidad, todos fueron absueltos. El Comité de Defensa de Los Siete se transformó en una organización comunitaria radical, animada por principios de auto-determinación y "servir al pueblo," comenzando un programa de desayunos gratis, una clínica médica gratis, un restauran de trabajadores, y el periódico "Basta Ya!" Los Siete desarrollaron un internacionalismo tercermundista revolucionario, encarnado en el término inclusivo "Raza," ligando las luchas de Latin@s con otras comunidades de color, incluyendo la toma de Alcatraz, las Panteras Negras, y los Young Lords Puertoriqueños. Los temas que alzaron Los Siete – incluyendo la lucha contra represión policiaca, desplazamiento, y líderes vendidos, la necesidad de programas del pueblo contra dependencia en caridad o el estado, ligando organización comunitaria con trabajo cultural, y enfrentando el desafio de ser "revolucionario" y mantener su base en la comunidad – continúan siendo relevantes en las luchas de hoy.

Los Siete de la Raza were seven youths from San Francisco's Mission District, accused of killing a cop on May 1, 1969. Their trial was a key moment in the awakening of consciousness for Latin@s in the Bay Area. After an 18-month trial that mobilized the community, all of Los Siete were acquitted. The Los Siete Defense Committee transformed itself into a radical community organization, animated by principles of self-determination and "serve the people," starting a free breakfast program, a free medical clinic, a workers' restaurant, and the "Basta Ya!" newspaper. Los Siete developed a revolutionary Third World internationalism, embodied in the inclusive term "Raza," linking the struggles of Latin@s with those of other communities of color including the Alcatraz occupation, the Black Panthers, and the Puerto Rican Young Lords. The issues that Los Siete de la Raza raised – including fighting police repression, gentrification, and sellout leaders, the necessity for people's programs vs. dependence on charity or government, linking community organizing with cultural work, and facing the challenges of being "revolutionary" and staying community-based – continue to be relevant in today's struggles.

celebrate people's history

September 2009 | Art: Fernando Martí | More posters: justseeds.org | Printing: stumptownprinters.com

실비아 라이 리베라

1969년 스톤월.[16]

"모든 사람이 첫 번째 병을 던진 것이 나라고 말한다. 아니다. 내 뒤에 있던 누군가가 병을 던졌다. 그러나 그 첫 병이 나를 지나갈 때 나는 '주여, 혁명이 마침내 이곳에 왔군요! 할렐루야, 나가서 우리 일을 할 때입니다!'라고 말했다."

"그날 밤 운동이 탄생했고, 우리는 전 세계의 모든 사람이 다 아는 그 무언가를 우리가 했다는 사실을 알고 있다. 세상 사람은 동성애자가 들고 일어나 싸웠고, 그로 인해 다른 사람도 들고 일어나 싸웠다는 것을 알게 됐다."
— 실비아 라이 리베라 Sylvia Ray Rivera (1951-2002)

아트워크
존 게르켄 John Gerken

---

[16]
1969년 6월 28일 뉴욕의 게이 바인 스톤월 인 Stonewall Inn 에서 동성애자들이 경찰 단속에 맞서 투쟁을 시작했는데, 점차 폭동 수준으로 번졌다. 이 사건은 동성애해방운동의 역사적 출발점으로 기록되며, 게이 프라이드 gay pride의 기원이 됐다.

제인

1969–1973년. 페미니스트, 음지에서 행해지는 낙태, 100여 명의 회원이 시카고에서 1만 1000건 이상의 불법 낙태를 시술했다.

"제인 Jane[17]의 회원은 여성의 필요만을 지침으로 삼아 행동하기로 선택했다는 단 하나의 이유만으로도 주목할 만하다. 그럼으로써 우리는 불법 낙태를 위험하고 불결한 경험에서 삶을 긍정하는 강력한 경험으로 변화시켰다."
—로라 캐플런 Laura Kaplan

아트워크
메러디스 스턴 Meredith Stern

[17]
가장 흔한 여성 이름. 성명 미상의 여성을 제인 도 Jane Doe라고 한다.

포드 홀 점거

한 교수가 말했다. "여러분도 알다시피, 이것을 개인적인 문제로 받아들여서는 안 된다. 행정부는 우리 교수진과 한 약속을 항상 어겼다." 거의 못 믿겠다는 듯이 흑인 학생 중 한 명이 교수를 보면서 대답했다. "그렇다면 선생님은 왜 받아들이시는 거죠?"

마틴 루서 킹 목사가 암살된 이후 브랜다이스 대학 Brandeis University에서 2류 시민으로 취급받는 데 환멸을 느낀 여러 학생이 아프로-아메리칸 조직 Afro-American Organization이란 학생 단체를 결성했다. 1969년 1월 8일 오후 2시에 65명의 아프리카계 미국인 학생이 무장한 채 포드 홀을 점거한 다음, 이곳을 맬컴 엑스 대학으로 명명했다. 다른 대학의 학생 150명이 연대를 표하기 위해 포드 홀로 왔다. 브랜다이스 대학의 백인 학생도 연좌농성, 시위, 단식농성에 들어갔고, 점거를 지지하는 신문을 인쇄했다. 11일 후 점거는 끝났고, 학생들은 완전히 사면됐다.

투쟁 결과, 미국에서 최초로 아프리카 및 아프로-아메리칸 연구 학과가 탄생했다. 다른 요구도 곧 실현됐는데, 흑인 학생 입학 정원 증가, 마틴 루서 킹 장학금 개설, 일정한 관리직 고용의 흑인 학생 결정 등이 포함됐다. 포드 홀 점거는 캘리포니아, 컬럼비아, 코넬, 샌프란시스코 주립, 스워스모어 등 전국의 대학에서 벌어진 동시 다발 점거 투쟁과 함께 진행됐다. 비록 2007년에 포드 홀은 없어졌지만, 그 기억은 오늘날까지 많은 학생에게 영감을 주고 있다.

아트워크
조슈아 칸 러셀 Joshua Kahn Russell

STUDENT HISTORY IS PEOPLE'S HISTORY

THE OCCUPATION OF FORD HALL

A professor said, "You know, you should not take this personally. The administration reneges on its promises to us faculty all the time." One of the black students, almost in disbelief, looked at him and replied, "Well, why do you take it?"

In the wake of the assassination of Martin Luther King Jr., a student group called the Afro-American Organization at Brandeis University decided they were sick of getting treated like second class citizens at their own college. At 2:00 pm on January 8, 1969, 65 African-American students armed themselves and occupied Ford Hall, officially inaugurating it Malcolm X University. Over 150 black students from other colleges came to Ford Hall to demonstrate solidarity. White Brandeis students held sit-ins, demonstrations, hunger strikes, and printed newspapers in support of the occupation. After 11 days the occupation ended, and the students were granted full amnesty. Their actions resulted in one of the first academic departments of African and African-American studies in the nation. The students' other demands were soon realized as well, including increased recruitment of black students, Martin Luther King Jr. scholarships, and black student control of the hiring of certain administrators. The Ford Hall takeover coincided with simultaneous occupations at universities around the country, including the University of California, Columbia, Cornell, San Francisco State, and Swarthmore. Even though Ford Hall was demolished in 2007, its memory inspires students to this day.

CELEBRATE PEOPLE'S HISTORY

art by Joshua Russell, brownietime@gmail.com | more posters: www.justseeds.org | printed at stumptownprinters.com | September 2006

월터 로드니

"내가 말하려는 것은 이런 것이다. 혁명은 모든 사람이 하는 것이지, 천사가 하는 것이 아니다. 모든 계층의 사람, 특히 우리가 다수를 이루는 노동 계급이 혁명을 한다. 그리고 혁명은 시대의 징표, 혁명적 변화란 권력의 징표다. 다시 말해 거리의 세력, 즉 깡패가 정치운동의 투쟁 간부가 될 때 혁명은 일어난다."
— 월터 로드니 Walter Rodney (1942–1980)의 마지막 연설, 1980년 6월

아트워크
조시 맥피 Josh MacPhee

오스 캉가세이루스

"이 거리는 경찰에겐 금지돼 있다 Cette Rue Est Interdit Aux Flics."

오스 캉가세이루스 Os Cangaceiros ('도적'이라는 뜻의 포르투갈어)는 자신들의 자원과 기술을 집단적으로 활용했던 노동 계급의 거리 깡패 조직이었다. 이들은 1970년대 니스에서 시작해 프랑스, 이탈리아, 폴란드, 벨기에, 영국을 중심으로 경찰, 정치인, 노조 관료에 대한 자발적인 행동을 조직했다. 그들은 민중의 불만이 집약된 지역을 파악해 투쟁에 참여했다. 그러나 지역 참가자를 조종하거나 외부의 정치적 입장을 강요하지는 않았다. 그들은 프랑스 직접행동단 Action Direct이나 적군파 RAF와 같은 단체처럼 저항의 군사화에 동의하지 않았다. 오스 캉가세이루스는 무장 투쟁 단체가 스스로 주변화해 민중 투쟁에서 괴리되고, 그럼으로써 정부 탄압의 손쉬운 타깃이 된다고 생각했다. 그래서 그들은 자율적으로 투쟁하는 개인의 사보타지와 재산 파괴를 선호했다.

1980년대 후반 오스 캉가세이루스는 감산복합체, 즉 감옥과 산업의 복합체에 대항하는 투쟁을 지도하기 시작했다. 그들은 교도소 건설 장소에 대한 사보타지를 여러 차례 행했다. 또 새로운 교도소의 건축 도면을 훔쳐서 발표했고, 감옥을 설계한 건축가를 구타했다. 그럼으로써 대중으로 하여금 프랑스의 교도소에서 일어나는 저항에 관심을 갖게 했다. 1985년 5월 프랑스에서 전국적인 교도소 폭동이 일어났다. 이때 그들은 재소자의 저항을 알리기 위해 철도에서 투르 드 프랑스의 차량까지 다양한 타깃을 공격했다.

"간수에게 자유로운 통제권을 주지 말자. 날마다 모든 방법으로, 우리 각자의 차이에 따라서, 우리 감방의 슬픔과 고독에 맞서 호랑이의 심장을 타격하자."

아트워크
라인 지엠바 Ryne Ziemba

OS CANGACEIROS

CETTE RUE EST INTERDIT AUX FLICS

A group of working class street thugs that came together to collectivize their resources and skills, Os Cangaceiros began in the 1970s in Nice and roved around France, Italy, Poland, Belgium & England coordinating autonomous actions against the police, politicians & union bureaucrats. They sought to identify areas where popular dissatisfaction was peaking, and contribute to those struggles in ways which didn't manipulate the local participants or force onto them external political positions. They disagreed with the militarizing of resistance by groups like Action Directe and the RAF. Os Cangaceiros felt these armed groups marginalized themselves, thus alienating them from popular support and making them easier targets for government repression. Instead, they preferred sabotage and property destruction by those acting anonymously.

In the late 80s, Os Cangaceries began to direct their efforts against the Prison Industrial Complex. They carried out multiple acts of sabotage against prison construction sites, stole and published the architectural plans for new prisons, beat up architects designing prisons and drew attention to the brewing resistance inside France's prison walls. During the France's country-wide prison riots in May 1985, they attacked targets ranging from rail lines to Tour de France cars in order to publicize the prisoner's resistance.

"Let's not give free reign to our jailers, strike the tiger's heart every day, in every way, according to our differences, against the sadness and solitude of our cells of confinement."

CELEBRATE PEOPLES HISTORY

전국재소자개혁협회

철창 속의 자유를 위한 투쟁. 1973년 매사추세츠주 월폴의 노동자가 임금 인상, 안전 강화, 노동 조건 결정 시 권한 강화 등을 요구하면서 인종 간 연합을 결성했다. '관리자'가 파업, 즉 직장 폐쇄에 들어가자, '노동자'가 통제권을 획득했다.

여기서 노동자는 수감자이고, 이들이 공장을 통제하면서 교도소를 장악하게 됐다는 사실이 이 놀라운 이야기의 전말이다. 이들의 통제 기간 동안 월폴은 미국에서 가장 위험한 교도소에서 가장 안전한 교도소로 변했다. 교육 강좌가 열렸고, 재활 개념이 실제로 현실이 됐다. 동료 재소자인 보비 데렐로와 랠프 햄의 지휘 아래 재소자는 청색의 단결(간수의 갈색 제복에 대항하는)을 호소하면서 전국재소자개혁협회 National Prisoners Reform Association(NPRA)를 결성했다. NPRA는 전국노사관계청 NLRB의 승인과 월폴 교도소의 민주적 운영을 위해 투쟁했다.

아트워크
알렉산더 드위널 Alexander Dwinell
사녀 하일랜드 Sanya Hyland

BUILDING FREEDOM BEHIND BARS

CELEBRATE PEOPLES' HISTORY

In 1973 a group of workers in Walpole, MA, forged a cross race coalition demanding better pay, improved safety, and a bigger say in determining their working conditions. When the "managers" went on strike—a company lock out—the workers seized control.

That the workers were prisoners and that in taking control of the factory they also took control of the prison makes the story even more amazing. During their period of control, Walpole went from one of the most dangerous prisons in the US to one of the safest. Education classes were developed and the idea of rehabilitation actually became a possibility.

Behind fellow inmates Bobby Dellelo and Ralph Hamm, prisoners organized as the National Prisoners Reform Association with a call for blue unity (as opposed to the brown uniforms of the guards). The NPRA fought for NLRB recognition and to democratically run Walpole prison. For an all-too-brief period the men of NPRA-Walpole proved that the abolition of prison can be reality.

To learn more check out *When the Prisoners Ran Walpole* and *3,000 Years and Life*.

레즈비언 역사 문서보관소

"우리는 여러분의 역사를 갖게 됐다. 누가 여러분의 미래를 가질 것인가?"

레즈비언 역사 문서보관소 Lesbian Herstory Archives는 1974년 맨해튼 어퍼웨스트사이드의 조앤 네슬 Joan Nestle과 데버라 이들 Deborah Edel의 아파트에서 문을 열었다. 처음에 그들은 주류 출판사나 도서관, 문서보관소 연구기관 등이 레즈비언 문화의 가치를 제대로 인식하지 못할 것을 우려했다. 그들은 레즈비언이 관리하는 독립적 문서보관소가 레즈비언의 역사를 가장 잘 보호하고 유지하고 공유할 수 있을 것이라고 생각했다.

1990년 이들은 브루클린 파크슬로프에 있는 3층짜리 석회암 건물을 구입했다. 이 건물은 뉴욕 메트로폴리탄에서 레즈비언 조직이 소유한 최초이자 유일한 건물이 됐다. 레즈비언, 게이, 이 사업을 지지하는 폭넓은 공동체 친구들이 기부한 돈으로 구입한 것이다. 휠체어로 접근할 수 있는 이 건물은 재건축을 지원하는 자원봉사자의 도움으로 1993년에 개관했다.

훨씬 더 어려운 시기에 살면서 투쟁하고 사랑했던 수많은 레즈비언의 용기에 영감을 받아 세워진 이 문서보관소는 자원한 관리자가 운영했고, 자원봉사자와 많은 여성의 열정 덕에 집단적 사업으로 유지될 수 있었다. 현재 전 세계에서 가장 크고 오래된 레즈비언 역사 문서보관소다.

아트워크
캐리 모이어 Carrie Moyer
모건 그웬월드 Morgan Gwenwald (사진)

CELEBRATE PEOPLE'S HISTORY

The Lesbian Herstory Archives
CELEBRATING 35 YEARS

We've got your past.

Who's got your future?

The Lesbian Herstory Archives opened in 1974 in the Upper West Side Manhattan apartment of Joan Nestle and Deborah Edel. Along with others in the original collective, they were concerned about the failure of mainstream publishers, libraries, archives and research institutions to value Lesbian culture. They recognized that an independent archive, governed by Lesbians, would best protect, preserve, and share Lesbian history.

In 1990, the Archives purchased a three-story landmark district limestone building in Brooklyn's Park Slope neighborhood. It was the first, and is the only, building owned by a Lesbian organization in the New York metropolitan area, and was purchased with donations from Lesbians, Gay men, and friends from the extended community of caring individuals who support our work. The building, which is wheelchair accessible, was opened in 1993 after volunteers had helped with the renovations.

Inspired by the courage of Lesbians who lived, struggled, and loved in more difficult times, the Archives is governed by a group of volunteer coordinators and sustained by the collective work of volunteers and the passions of women the world over. Today the Lesbian Herstory Archives is the largest and longest-lived Lesbian archive anywhere.

Keeping it real since 1974!

Mabel Hampton, NYC Gay Pride Parade
Photograph: Morgan Gwenwald
© Carrie Moyer, 2009

자살 클럽

1970년대 중반 문화혁명가를 자처하는 무법자 무리, 즉 자살 클럽 The Suicide Club이 샌프란시스코를 놀이터로 만들었다. 그들은 혼돈, 무정부주의, 환각 상태를 추구하면서 잘 짜인 거리연극을 연출하고 도시 속 모험 놀이를 즐겼다. 이들의 정신은 불협화음협회 Cacophony Society, 암흑의 통로 Dark Passage, 게시판해방전선 Billboard Liberation Front 등의 단체에 아직도 살아 있다.

아트워크
제프 스타크 Jeff Stark

the Suicide Club

In the mid 1970s, this unruly band of cultural revolutionaires turned San Francisco into a playground, staging elaborate pranks and urban adventures in pursuit of chaos, anarchy, and high times. The spirit persists in groups like the Cacophony Society, Dark Passage, and the Billboard Liberation Front.

CELEBRATE PEOPLE'S HISTORY

교도소 정의의 날

8월 10일은 교도소 정의의 날 Prison Justice Day이다. 이날은 1976년 감옥에서 숨진 죄수에게 헌사를 바치기 위해 캐나다에서 시작됐다. 이날 죄수는 작업을 중지하고, 외부의 활동가는 공개 행사를 조직한다.

아트워크
로키 토비 Rocky Tobey

동물해방전선

동물해방전선 Animal Liberation Front(ALF)은 동물을 위해 직접 행동에 나서는 동물 해방 단체다. 이들은 실험실이나 모피농장에서 동물을 구조하고, 관련 시설을 사보타지 하는 등의 활동을 한다. 인간을 비롯한 모든 생물에 해를 끼치지 않는 합리적인 예방 조치 등 동물 해방의 대의를 추구하는 어떤 행위도 동물해방전선의 투쟁이라고 할 수 있다. 동물해방전선은 회원 조직이 아니라, 지도자 없는 저항 조직이다. 동물해방전선 소속 활동가는 자신들이 19세기의 지하철도 Underground Railroad 조직원과 유사하다고 생각한다. 이들은 실험실과 농장에서 동물을 구조해 보호 시설로 보내거나, 자신들이 직접 운영하는 시설에서 구조된 동물이 안전하게 나머지 삶을 보낼 수 있게 한다. 동물을 소유물로 봐서는 안 되며, 과학자나 산업체 누구도 살아 있는 생명체의 소유권을 주장할 권리는 없다고 믿는 그들은 동물을 좀 더 인간적으로 취급해야 한다는 동물 복지 단체의 주장도 거부한다. 그들의 목적은 좀 더 넓은 우리 cage가 아니라, 우리 자체를 없애는 것이다.

아트워크
캐런 피오리토 Karen Fiorito

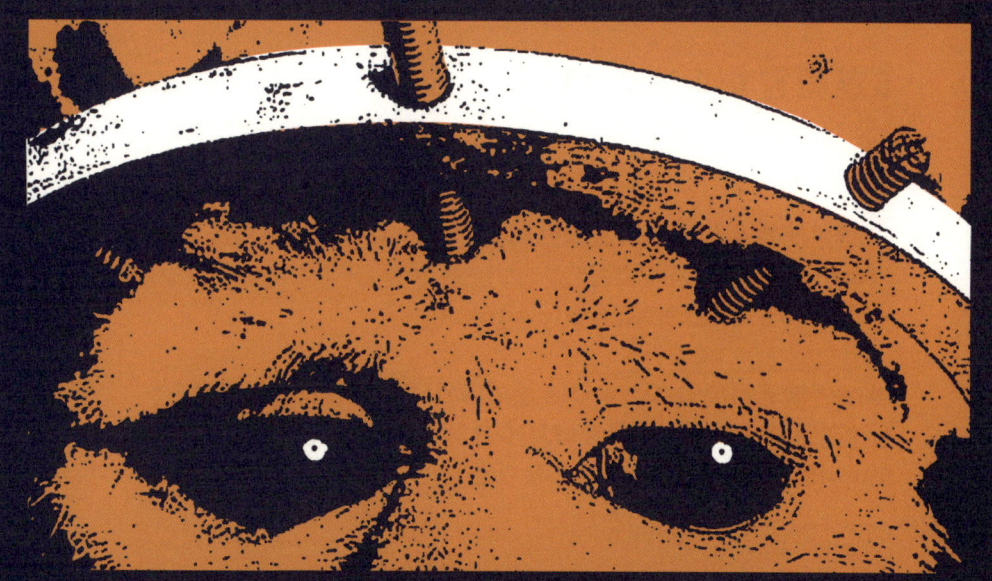

CELEBRATE PEOPLE'S HISTORY

The Animal Liberation Front (ALF) is an animal liberation group who engage in direct action on behalf of animals. These activities include removing animals from laboratories and fur farms and sabotaging facilities. Any act that furthers the cause of animal liberation, where all reasonable precautions are taken not to harm human or non-human life, may be claimed as an ALF action. The ALF is not a group with a membership, but a leaderless resistance. ALF volunteers see themselves as similar to the Underground Railroad, the 19th-century anti-slavery network, with activists removing animals from laboratories and farms, arranging safe houses and veterinary care, and operating sanctuaries where the animals live out the rest of their lives. ALF activists believe that animals should not be viewed as property and that scientists and industry have no right to assume ownership of living beings. They reject the animal welfarist position that more humane treatment is needed for animals; their aim is empty cages, not bigger ones.

5월 광장 어머니회 Madres De Plaza De Mayo

"그들은 도로 위에 시체의 윤곽만 그릴 뿐이다. (...) 당신은 죽은 자에 대해 어떻게 말할 것인가?"
— 마호리에 아고스틴 Marjorie Agostin

1976년부터 1983년 사이에 아르헨티나에서 수천 명의 젊은이가 정부기관원에 의해 비밀리에 납치돼 고문 받은 다음 살해됐다. 그들의 어머니와 할머니가 모여 자녀의 부재를 증언했다.

아트워크
존 아이작슨 John Isaacson

크래스

"억압의 본질은 우리 분노의 미학이다."

크래스 Crass,[18] 1977–1984년. 크래스는 화가, 활동가, 작가, 영화감독, 음악인의 모임으로, 정치적 이데올로기로서의 무정부주의를 추구하기 위해 저항 문화의 한 형태인 펑크를 이용해 결성한 조직이다. 저항운동을 하나의 삶의 양식으로 추구했다. 크래스는 아나코-펑크운동의 초기 주체 가운데 하나로, 오늘날까지 국제적으로 아나코-펑크의 전형으로 간주되는 독특하고 자주 인용되는 그래픽 미학을 창조했다. 크래스는 직접 행동, 동물 권리, 환경운동, 여성운동, 무정부주의를 옹호했으며, 결정적으로 반전운동을 지지했다. 그들은 선동적 사운드 콜라주, 그래픽, 앨범, 영화 외에도 런던 전역의 스텐실 그래피티 메시지, 상호 연동한 점거, 조직적 정치 행동을 만들어내는 DIY(직접 실천)식 접근 방법을 옹호했다.

아트워크
브랜던 바워 Brandon Bauer

[18]
'아둔한, 우둔한, 매우 어리석은, (비유적) 심한, 지독한'이라는 뜻.

왕가리 마타이

"그린벨트운동 Greenbelt Movement은 환경 파괴, 빈곤, 실업, 영양실조, 천연자원 남용, 아프리카 전역의 정치적, 경제적 영향에 대한 대중의 인식을 제고하기 위해 노력하는 기구다."
— 왕가리 마타이 Wangari Maathai (1940-2011)

아프리카 케냐에서 태어난 왕가리 마타이는 가난한 농촌 여성에게 더 나은 경제생활을 제공하면서 파괴된 케냐의 환경이 복원되길 원했다. 그린벨트운동은 의도적으로 외부의 기술자나 경영자의 참여를 거부했고, 전문가에게 쉽게 압도되어 스스로 무능력하고 후진적이라고 생각했던 지역 주민으로 하여금 자신감을 회복하게 만들었다. 1955년 6만 명 이상의 여성이 자기 지역에서 700만 그루가 넘는 나무를 심었다. 그린벨트운동은 30개국 이상으로 확산됐다.

아트워크
앨리 리브스 Ally Reeves

어머니위원회

실종자와 피살자, 1975–2009년.

1970년대에 엘살바도르의 우익 정부는 반정부 투쟁에 대한 가혹한 탄압을 시작했다. 이 시기에 공개적 저항이나 이른바 '전복 활동'에 참가한 단체나 개인은 무자비한 탄압을 받았다. 엘살바도르 정부는 대중을 침묵시키는 방법으로 납치, '실종', 고문, 살인을 자행했고, 이런 만행은 1990년대에도 내내 계속됐다.

실종된 자식을 찾는 어머니들이 모여 엘살바도르 실종 피살자 어머니위원회 Co-Madres를 결성했다. 이 단체는 과거 35년 동안 실종되고 피살된 사람을 기록하고, 정부를 비판하면서, 지치지 않고 두려움 없이 일했다. 그들은 이 사건이 정의의 심판을 받을 때까지 투쟁을 계속할 것이다. 그들은 말한다. "우리는 용서할 수 있지만, 결코 잊지는 못한다."

아트워크
니콜 슐만 Nicole Schulman
마라 코모스카 Mara Komoska (글/리서치)

부가업

오스트레일리아. 1978년 담배 광고에 환멸을 느낀 보건 전문가 등이 결성한 단체인 '불건전 광고에 반대하는 게시판 활용 낙서가 연합, 일명 부가업 Billboard-Utilizing Graffitists Against Unhealthy Promotions(B.U.G.A. U.P.)'은 전국의 광고판에 흔적을 남겼다. 재치 있게 광고 슬로건을 수정하고 담배 회사의 행사를 방해함으로써 이 단체는 그동안 담배 회사가 저질러온 기만행위를 폭로했다. 부가업은 16년 동안 수많은 벌금과 체포를 감수한 끝에 마침내 연방정부와 주정부로부터 신문, 잡지, 게시판, 텔레비전과 라디오에서 담배 광고를 금지한다는 조치를 이끌어냈다. 그 후 부가업은 조직을 해산했다.

아트워크
톰 시빌 Tom Civil (포스터 디자인)
이언 매킨타이어 Iain Mcintyre (글)
토피 Tofy (오리지널 스프레이캔 연장 장대 일러스트)
그리고 1981년 부가업 봄 카탈로그에서 찍은 사진과 DIY 가이드

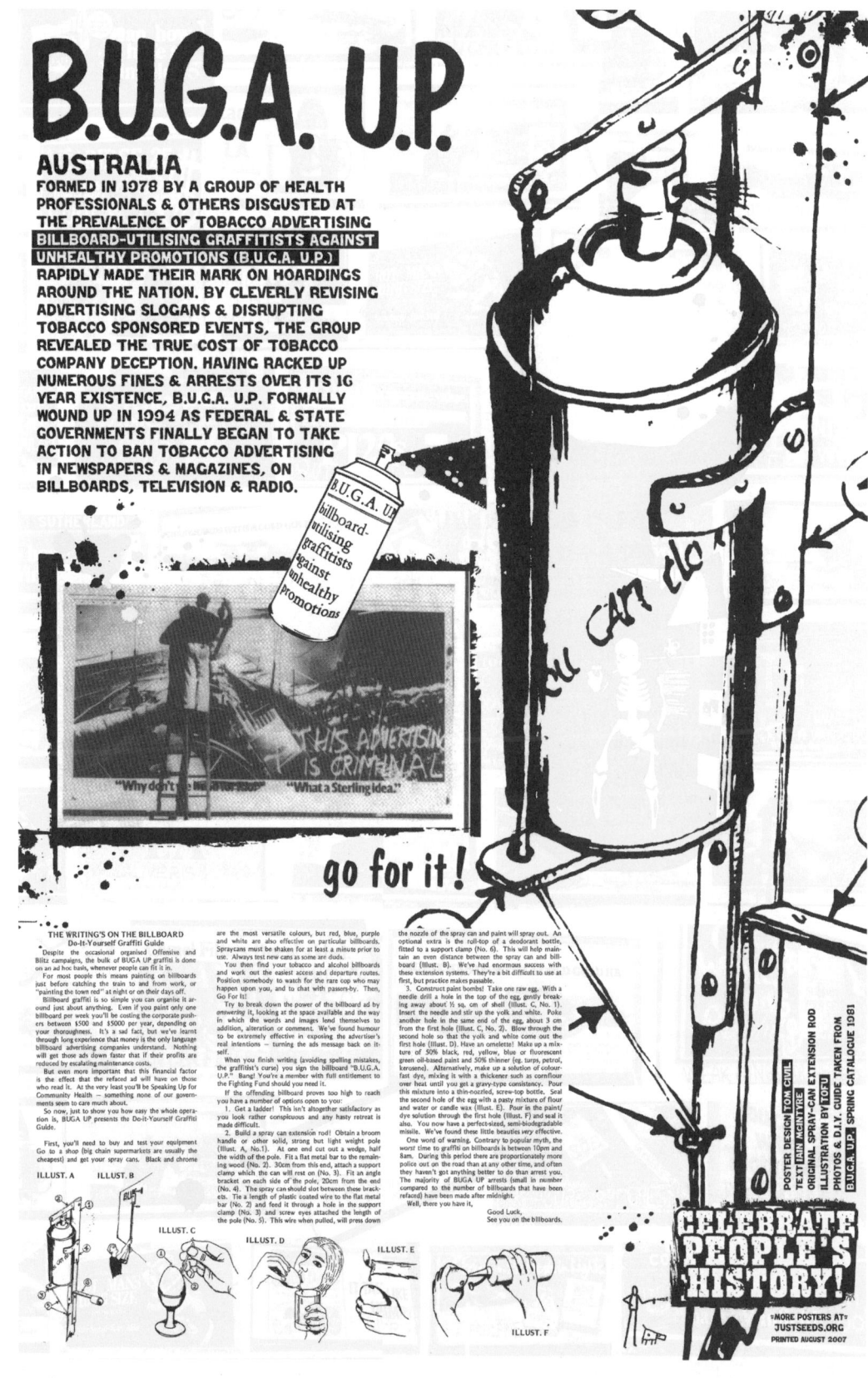

B.U.G.A. U.P.

AUSTRALIA
FORMED IN 1978 BY A GROUP OF HEALTH PROFESSIONALS & OTHERS DISGUSTED AT THE PREVALENCE OF TOBACCO ADVERTISING BILLBOARD-UTILISING GRAFFITISTS AGAINST UNHEALTHY PROMOTIONS (B.U.G.A. U.P.) RAPIDLY MADE THEIR MARK ON HOARDINGS AROUND THE NATION. BY CLEVERLY REVISING ADVERTISING SLOGANS & DISRUPTING TOBACCO SPONSORED EVENTS, THE GROUP REVEALED THE TRUE COST OF TOBACCO COMPANY DECEPTION. HAVING RACKED UP NUMEROUS FINES & ARRESTS OVER ITS 16 YEAR EXISTENCE, B.U.G.A. U.P. FORMALLY WOUND UP IN 1994 AS FEDERAL & STATE GOVERNMENTS FINALLY BEGAN TO TAKE ACTION TO BAN TOBACCO ADVERTISING IN NEWSPAPERS & MAGAZINES, ON BILLBOARDS, TELEVISION & RADIO.

go for it!

THE WRITING'S ON THE BILLBOARD
Do-It-Yourself Graffiti Guide

Despite the occasional organised Offensive and Blitz campaigns, the bulk of BUGA UP graffiti is done on an ad hoc basis, whenever people can fit it in.

For most people this means painting on billboards just before catching the train to and from work, or "painting the town red" at night or on their days off.

Billboard graffiti is so simple you can organise it around just about anything. Even if you paint only one billboard per week you'll be costing the corporate pushers between $500 and $5000 per year, depending on your thoroughness. It's a sad fact, but we've learnt through long experience that money is the only language billboard advertising companies understand. Nothing will get those ads down faster than if their profits are reduced by escalating maintenance costs.

But even more important that this financial factor is the effect that the refaced ad will have on those who read it. At the very least you'll be Speaking Up For Community Health – something none of our governments seem to care much about.

So now, just to show you how easy the whole operation is, BUGA UP presents the Do-It-Yourself Graffiti Guide.

First, you'll need to buy and test your equipment. Go to a shop (big chain supermarkets are usually the cheapest) and get your spray cans. Black and chrome are the most versatile colours, but red, blue, purple and white are also effective on particular billboards. Spraycans must be shaken for at least a minute prior to use. Always test new cans as some are duds.

You then find your tobacco and alcohol billboards and work out the easiest access and departure routes. Position somebody to watch for the rare cop who may happen upon you, and to chat with passers-by. Then, Go For It!

Try to break down the power of the billboard ad by answering it, looking at the space available and the way in which the words and images lend themselves to addition, alteration or comment. We've found humour to be extremely effective in exposing the advertiser's real intentions – turning the ads message back on itself.

When you finish writing (avoiding spelling mistakes, the graffitist's curse) you sign the billboard "B.U.G.A. U.P." Bang! You're a member with full entitlement to the Fighting Fund should you need it.

If the offending billboard proves too high to reach you have a number of options open to you:

1. Get a ladder! This isn't altogether satisfactory as you look rather conspicuous and any hasty retreat is made difficult.

2. Build a spray can extension rod! Obtain a broom handle or other solid, strong but light weight pole (Illust. A, No.1). At one end cut out a wedge, half the width of the pole. Fit a flat metal bar to the remaining wood (No. 2). 30cm from this end, attach a support clamp which the can will rest on (No. 3). Fit an angle bracket on each side of the pole, 20cm from the end (No. 4). The spray can should slot between these brackets. Tie a length of plastic coated wire to the flat metal bar (No. 2) and feed it through a hole in the support clamp (No. 3) and screw eyes attached the length of the pole (No. 5). This wire when pulled, will press down the nozzle of the spray can and paint will spray out. An optional extra is the roll-top of a deodorant bottle, fitted to a support clamp (No. 6). This will help maintain an even distance between the spray can and billboard (Illust. B). We've had enormous success with these extension systems. They're a bit difficult to use at first, but practice makes passable.

3. Construct paint bombs! Take one raw egg. With a needle drill a hole in the top of the egg, gently breaking away about ½ sq. cm of shell (Illust. C, No. 1). Insert the needle and stir up the yolk and white. Poke another hole in the same end of the egg, about 3 cm from the first hole (Illust. C, No. 2). Blow through the second hole so that the yolk and white come out the first hole (Illust. D). Have an omelette! Make up a mixture of 50% black, red, yellow, blue or fluorescent green oil-based paint and 50% thinner (eg. turps, petrol, kerosene). Alternatively, make up a solution of colourfast dye, mixing it with a thickener such as cornflour over heat until you get a gravy-type consistency. Pour this mixture into a thin-nozzled, screw-top bottle. Seal the second hole of the egg with a pasty mixture of flour and water or candle wax (Illust. E). Pour in the paint/dye solution through the first hole (Illust. F) and seal it also. You now have a perfect-sized, semi-biodegradable missile. We've found these little beauties very effective.

One word of warning. Contrary to popular myth, the worst time to graffiti on billboards is between 10pm and 8am. During this period there are proportionately more police out on the road than at any other time, and often they haven't got anything better to do than arrest you. The majority of BUGA UP arrests (small in number compared to the number of billboards that have been refaced) have been made after midnight.

Well, there you have it,

Good Luck,
See you on the billboards.

ILLUST. A ILLUST. B ILLUST. C ILLUST. D ILLUST. E ILLUST. F

POSTER DESIGN TOM CIVIL
TEXT DAN MCKENZIE
ORIGINAL SPRAY-CAN EXTENSION ROD ILLUSTRATION BY TORU
PHOTOS & D.I.Y. GUIDE TAKEN FROM B.U.G.A. U.P. SPRING CATALOGUE 1981

CELEBRATE PEOPLE'S HISTORY!

MORE POSTERS AT JUSTSEEDS.ORG
PRINTED AUGUST 2007

아사타 샤쿠르의 도피

1979년 11월 2일, 아사타 샤쿠르 Assata Shakur[19]는 자유의 몸이 됐다.

은행 강도 사건에 가담한 혐의로 기소(곧 석방)된 전투적 흑인해방운동의 '영혼' 아사타 샤쿠르는 1973년 체포돼 뉴저지의 감옥에 갇혔다. 예전에 검은표범당 소속 21인 중 한 명이었던 아사타의 동지 순디아타 아콜리는 종신형에 추가 30년형을 받았다.[20] 또 다른 동지인 자이드 샤쿠르는 1973년 체포 당시 경찰에 의해 사망했다. 아사타는 재판을 받던 1979년에 탈옥했다.[21]

그 후 1982년 급진적 흑인해방운동과 반제국주의백인운동 활동가는 이른바 아사타의 도주를 도운 혐의로 기소됐다. 세코우 오딩가와 무툴루 샤쿠르는 아직도 감옥에 갇혀 있다. 1984년 아사타는 쿠바로 정치적 망명을 했다. 아사타는 국제적 흑인해방운동과 미국 내 정치범을 석방하기 위한 희망과 힘의 등대다.

아트워크
몰리 페어 Molly Fair
로라 화이트혼 Laura Whitehorn

19
쿠바에 망명한 미국의 급진 흑인 활동가. 검은표범당 Black Panthers과 신좌파 무장단체인 흑인해방군 Black Liberation Army(1970–1981)의 일원이었다.
20
각 범죄를 별도로 양형하는 미국의 재판제도에 따른 것이다.
21
아사타는 탈옥 후 쿠바로 망명했다. 2017년 트럼프는 쿠바 정부에 아사타의 송환을 요구했지만, 쿠바 정부는 거부했다.

침묵하는 다수

이 포스터는 입을 다문 모든 사람을 축하하기 위한 것이다. 경찰에 밀고하지 않은 사람, 대배심에 저항한 사람, 고문에 맞서 비밀을 지킨 사람. 그들이 없었다면 우리의 투쟁은 이미 오래전에 끝났을 것이다.

아트워크
로저 피트 Roger Peet
에이브럼 드러커 Avram Drucker (아이디어)

비공식 재활용자[22]

쓰레기에 대한 권리도 인권의 하나다. 비공식 재활용자는 생존의 수단으로서 전 세계의 쓰레기를 재사용하고 재판매한다. 그들은 집집마다 방문해서, 거리에서, 쓰레기통에서, 매립지에서, 심지어 하수도에서 재활용품을 모은다. 이들은 전 세계 매립지 쓰레기의 상당 부분을 재사용하는 데 기여하지만, 그들에게는 교통수단, 주거, 위생 시설, 의료, 쓰레기에 대한 법적 권리, 다른 기본적 생필품이 없다. 비공식 재활용자는 전형적으로 사회의 가장 가난한 경제 부문에서 사회적 부랑자로서 삶을 시작하고 끝낸다. 그들은 쓰레기처럼 폐기되고 무시된다. 이들 노동자를 효과적인 쓰레기 관리 모델 안에 통합하는 대신, 많은 나라에서는 쓰레기에 대한 접근을 불법화하고 있다. 전 세계적으로 쓰레기와 빈곤이 증가하는 지금, 이들에 의한 쓰레기 관리를 중단하고 재활용 시스템 안으로 끌어들여야 한다.

아트워크
클러치 Klutch
테일러 캐스 스티븐슨 Taylor Cass Stevenson

[22]
비공식 재활용자란 제3세계의 쓰레기 매립장에서 살아가는 가난한 사람을 말한다.

풀란 데비

"다른 사람은 범죄라고 하지만, 나는 그것을 정의라고 하겠다."

1981년 2월, 인도의 빈민촌에서 태어난 24세의 한 시골 여성에게 '범죄의 여왕'이란 칭호가 붙었다. 그녀는 살인, 납치, 약탈 등 수많은 중범죄 혐의로 기소됐다. 그중 가장 무거운 것은 베마이 마을에서 상층 카스트의 남성 스물두 명을 살해한 혐의였다. 애인의 죽음과 그녀 자신에 대한 반복된 집단 강간에 대한 보복으로 시작된 학살이었다. 어떻게 가난하고 교육받지 못한 문맹 여성이 범죄자가 됐는가, 하는 질문이 자주 제기된다. 그러나 풀란 데비 Phoolan Devi (1963–2001)의 삶과 그녀가 성별과 계급 때문에 겪은 불의를 본다면, 왜 다른 하층 카스트 여성이 범죄자가 되지 않았는지 반문하게 될 뿐이다(풀란의 경험은 결코 특별한 것이 아니었다).

아트워크
미리엄 클라인 슈탈 Miriam Klein Stahl
보프 웰리 Boff Whalley

PHOOLAN DEVI

"WHAT OTHERS CALLED A CRIME, I CALLED JUSTICE"

FEBRUARY 1981: A 24 YEAR OLD VILLAGE WOMAN, BORN INTO POVERTY IN INDIA, IS LABELLED 'THE BANDIT QUEEN'. SHE IS CHARGED WITH A NUMBER OF MAJOR OFFENCES INCLUDING MURDER, KIDNAP FOR RANSOM AND LOOTING VILLAGES. MOST IMPORTANTLY, SHE IS ACCUSED OF KILLING 22 HIGH-CASTE MEN IN THE VILLAGE OF BEHMAI, A MASSACRE UNDERTAKEN AS REVENGE FOR THE DEATH OF HER LOVER AND

REPEATED GANG RAPE AGAINST HERSELF. THE QUESTION WAS OFTEN ASKED HOW A POOR, UNEDUCATED AND ILLITERATE WOMAN BECAME A BANDIT. BUT PHOOLAN DEVI'S LIFE, AND THE INJUSTICE SHE SUFFERED BECAUSE OF HER GENDER AND HER CLASS, ONLY MAKE US WONDER WHY OTHER LOW-CASTE WOMEN (FOR PHOOLAN'S EXPERIENCES WERE NOT IN ANY WAY UNIQUE) DID NOT ALSO BECOME BANDITS.

CELEBRATE PEOPLES HISTORY

DESIGN BY MIRIAM KLEIN STAHL + BOFF WHALLEY. FOR MORE POSTERS: WWW.JUSTSEEDS.ORG

시코 멘지스

"저들은 우리의 지도자를 죽였지만, 우리의 투쟁은 죽이지 못했다!"

아마존 열대우림의 고무 채취자이자 노동조합 조직가인 시코 멘지스 Chico Mendes (1944–1988)는 환경과 사회 정의를 결합시킨 선구자였다. 1988년 시코는 살해됐다. 그의 죽음으로 아마존 열대우림을 구하기 위한 운동에 국제적 관심과 세계적 지지가 쏟아졌다.

"아마존을 지키려는 이 투쟁을 이끌어 나가면서 시코 멘지스는 수많은 권력자로부터 엄청나게 많은 압력을 받았다."
— 앤드루 레브킨 Andrew Revkin

아트워크
콜린 마테스 Colin Matthes

주디 배리

환경운동가, 노동조합 조직가, 지구 먼저 Earth First[23] 소속 활동가.

"혁명적 생태운동은 빈민과 노동 민중 사이에서도 조직돼야 한다. 독극물반대운동과 원주민토지권운동을 제외하고 미국의 환경운동가는 대부분 백인이자 특권층이다. 이들은 체제에 너무 투자한 것이 많아서 별다른 위협을 제기하지 못한다. 특권층의 손에 들린 혁명적 이데올로기는 체제에 약간의 혼란과 변화를 가져올 뿐이다. 그러나 노동 민중의 손에 들린 혁명적 이데올로기는 그 체제의 작동을 멈추게 할 수 있다. 왜냐하면 노동 민중은 기계를 손에 쥐고 일하는 사람이기 때문이다. 그리고 파괴의 기계를 멈추는 것만으로도 우리는 이 광기를 막을 수 있다."
— 주디 배리 Judi Bari (1949–1997)

아트워크
니컬러스 램퍼트 Nicolas Lampert
에번 존슨 Evan Johnson (사진)

[23] 1980년 미국 남부에서 창립된 급진적 환경운동 단체.

JUDI BARI 1949–1997
Environmentalist, Labor Organizer, Earth First! Activist

ENVIRONMENTALISTS AND LOGGERS UNITE!

"A revolutionary ecology movement must also organize among poor and working people. With the exception of the toxics movement and the native land rights movement most U.S. environmentalists are white and privileged. This group is too invested in the system to pose it much of a threat. A revolutionary ideology in the hands of privileged people can indeed bring about some disruption and change in the system. But a revolutionary ideology in the hands of working people can bring that system to a halt. For it is the working people who have their hands on the machinery. And only by stopping the machinery of destruction can we ever hope to stop this madness."

CELEBRATE PEOPLE'S HISTORY
CELEBRE LA HISTORIA POPULAR
CELEBRER DE L'HISTOIRE DES GENS

Poster by Nicolas Lampert, PO Box 1090, Milwaukee, WI 53201 • For more posters: www.justseeds.org • Photo by Evan Johnson, www.judibari.org

어댑트

어댑트 ADAPT는 장애인 활동가의 전국적 네트워크다. 1980년대 초반 이후 미국 사회의 장애인 배제 정책을 변화시키기 위해 비폭력 시민 불복종 투쟁을 전개했다. 대중교통 이용을 위한 전국적 투쟁이었던 '차량탑승권' 쟁취 이후, 어댑트는 현재 요양원과 기타 기관에서 장애인을 몰아내려는 정책에 맞서 투쟁하고 있다. 어댑트 회원은 기관을 나온 수천 명의 장애인이 자기 집과 지역사회에서 자립적으로 살아갈 수 있도록 돕고 있다.

아트워크
젠 카트라이트 Jen Cartwright

애리조나 광산 대파업

1983년 클리프턴과 모렌스 마을은 펠프스 다지 구리 회사의 대폭적 임금 삭감에 반대해 파업에 들어갔다. 파업은 18개월 동안 계속됐다. 펠프스 다지가 신청한 금지 명령 때문에 노동자는 피켓라인(파업 이탈자를 감시하고, 대체 인력 투입을 막는 것)에 참여할 수 없었다. 비록 제2차 세계대전 이전부터 여성이 광산 일을 하지 않은 건 아니었지만, 대부분의 노동자는 남성이었다. 그래서 파업을 하는 1년 반 동안 여성이 피켓라인을 지켰다. 이 전설적 파업에서 시민은 법을 준수하며 주방위군, 체포 위협, 헬리콥터 그리고 펠프스 다지가 사용한 다른 폭력적 억압 전술에 맞섰다. 18개월 끝에 회사는 껍데기만 남았고, 미국에 있는 시설을 폐쇄해야 했다. 지역사회를 실직 상태로 만든 이상한 승리였다.

"파업을 통해 나는 나의 문화와 나 자신을 이해하는 법을 배우게 됐다. 어떻게 여성이 변화하는지는 나에게도 놀라운 일이었다. 우리는 우리 지도부가 권위적이었기 때문에 단지 그 권위를 받아들였을 뿐이다. 이제 우리는 그들의 말을 결코 액면 그대로 받아들일 수 없다."
— 파업의 영웅 앤 올리리 Anne O'Leary

아트워크
베스 풀치넬라 Beth Pulcinella

동부 로스앤젤레스 어머니회

1985년 치카나 어머니들이 교도소 건설에 맞서 싸우기 위해 동부 로스앤젤레스 어머니회 Mothers of East Los Angeles(MELA)를 결성했다. 수년에 걸쳐 지역을 조직화하고 촛불집회를 연 결과 마침내 성과를 이루어냈고, 교도소 계획은 취소됐다. MELA는 송유관과 독극물 쓰레기 소각로 건설에 반대해 투쟁했다. 그들은 장학금, 물 보존, 건강 교육 등의 프로그램을 계속해서 운영했다.

"정치인은 우리가 싸우지 못할 것이라고 생각했지만, 우리는 단결했고 '됐어!' 하고 외쳤다. 이곳은 더 이상 쓰레기장이 아니다. (...) 이곳 아이들은 우리가 투쟁을 시작했을 때 젖먹이였다. 이제 그들도 자신이 믿는 것을 위해 싸울 것이다. 우리가 투쟁을 통해 자신의 목소리가 중요하다는 것을 보여줬기 때문이다."

아트워크
젠 카트라이트 Jen Cartwright

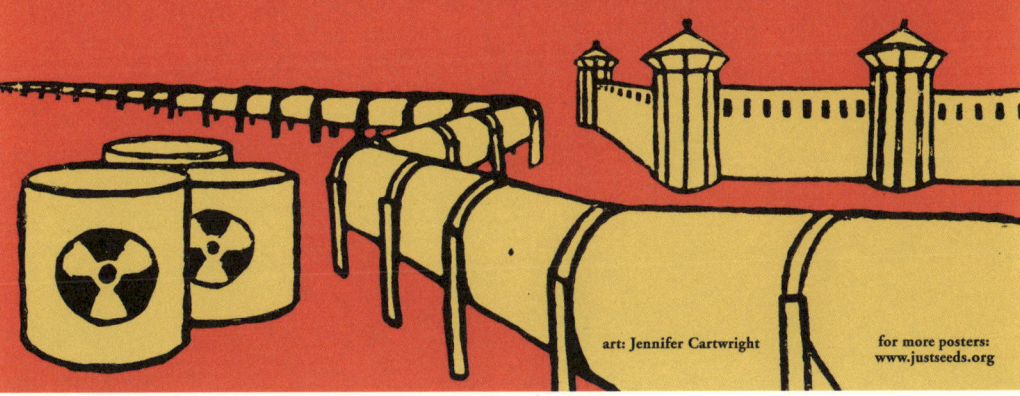

액트업 필라델피아

1987년 이후 액트업 필라델피아 ACT UP Philadelphia는 후천면역결핍증 HIV(에이즈)에 걸린 이들의 정의를 위해 투쟁해왔다. 이것은 미국 필라델피아 그리고 전 세계에서 가장 심하게 황폐화된 지역사회를 위한 투쟁이었다.

액트업 필라델피아는 달랐다. 그들은 에이즈 위기를 정치적 위기로 봤다. 25년 동안의 재앙은 탐욕, 인종주의, 태만, 편협함 때문에 일어난 것이었다. 액트업 필라델피아는 또 에이즈 위기를 끝장내기 위해서는 풀뿌리 활동가가 충분히 강력하고 효과적이라고 생각했다. 그들은 정책 결정권자에게 맞서 책임을 물었고, 생명을 구하기 위한 정책 변화를 이끌어내는 역할을 했다. 액트업 필라델피아의 지도부는 다양한 사람으로 구성된다. 흑인과 백인, 이성애자와 동성애자, 젊은이와 노인, 에이즈 양성과 음성 반응자 등. 그들은 전 세계의 강력한 에이즈 단체와 단결해 필요로 하는 모든 사람이 치료와 예방 도구에 쉽게 접근할 수 있도록 투쟁했으며, 근본주의적인 종교 이데올로기나 제약산업의 탐욕 그리고 정치적 무관심과 침묵으로 가득한 장벽을 부수어버렸다.

아트워크
코트니 데일리 Courtney Dailey
액트업 필라델피아 ACT UP Philadelphia (글)

8.8.88

버마(1989년 이후 미얀마)[24]의 민주화 봉기. 1988년 8월 8일 수십만 명의 노동자, 학생, 승려, 어머니와 어린이가 버마 곳곳의 거리에 나와 잔인한 군부독재의 종식을 요구했다. 군부정권은 이에 대응해 군대를 보내 봉기를 진압했고, 이후 몇 주간 1만 명이 살해됐다. 수천 명이 국경을 넘어 타이로 피신했다. 어떤 이들은 반란군에 참여해 무기를 들었다. 그들은 민중을 지키고 자유를 얻기 위해 싸웠다. 8.8.88은 군부에 맞선 저항정신을 보여주었고, 버마 민중의 민주주의를 위한 투쟁의 지속적인 상징이 됐다.

아트워크
니콜라스 간츠 Nicholas Ganz

[24]
군부독재 정부가 미얀마로 개칭한 것에 항의해 일부러 버마라고 표기했다.

톰킨스스퀘어공원 Tompkins Square Park 전투

1988년 8월 6일 뉴욕시, 경찰 폭동.[25]

아트워크
안톤 판 달렌 Anton van Dalen

[25]
1988년 8월 6일, 24시간 개방되던 공원 문을 새벽 1시 이후 닫겠다는 뉴욕시청의 조치에 공원 내에 있던 부랑자 등이 항의하며 새벽 6시까지 경찰과 충돌했다. 당시 경찰의 무차별 진압을 ‹뉴욕타임스› 사설은 '경찰 폭동'이라고 풍자했다.

아웅 산 수 치

1962년 이후 버마(미얀마)는 잔인한 군부정권의 통치와 통제 아래 들어갔다. 아웅 산 수 치 Aung San Suu Kyi (1945-)는 전국민주동맹 NLD의 지도자이며, 버마 자유의 상징이다. 1989년 이후 그녀는 양곤 대학로 54번지에 있는 자신의 집에 연금됐다. (영국에 있는) 가족과 떨어져 있으면서 그녀는 연설회를 열었고, 반정부 세력을 지지했다. 그녀의 힘과 저항은 그녀를 버마 투쟁의 전설로 만들었고, 버마 민중에게 위대한 용기와 희망을 주고 있다.

아트워크
니콜라스 간츠 Nicholas Ganz

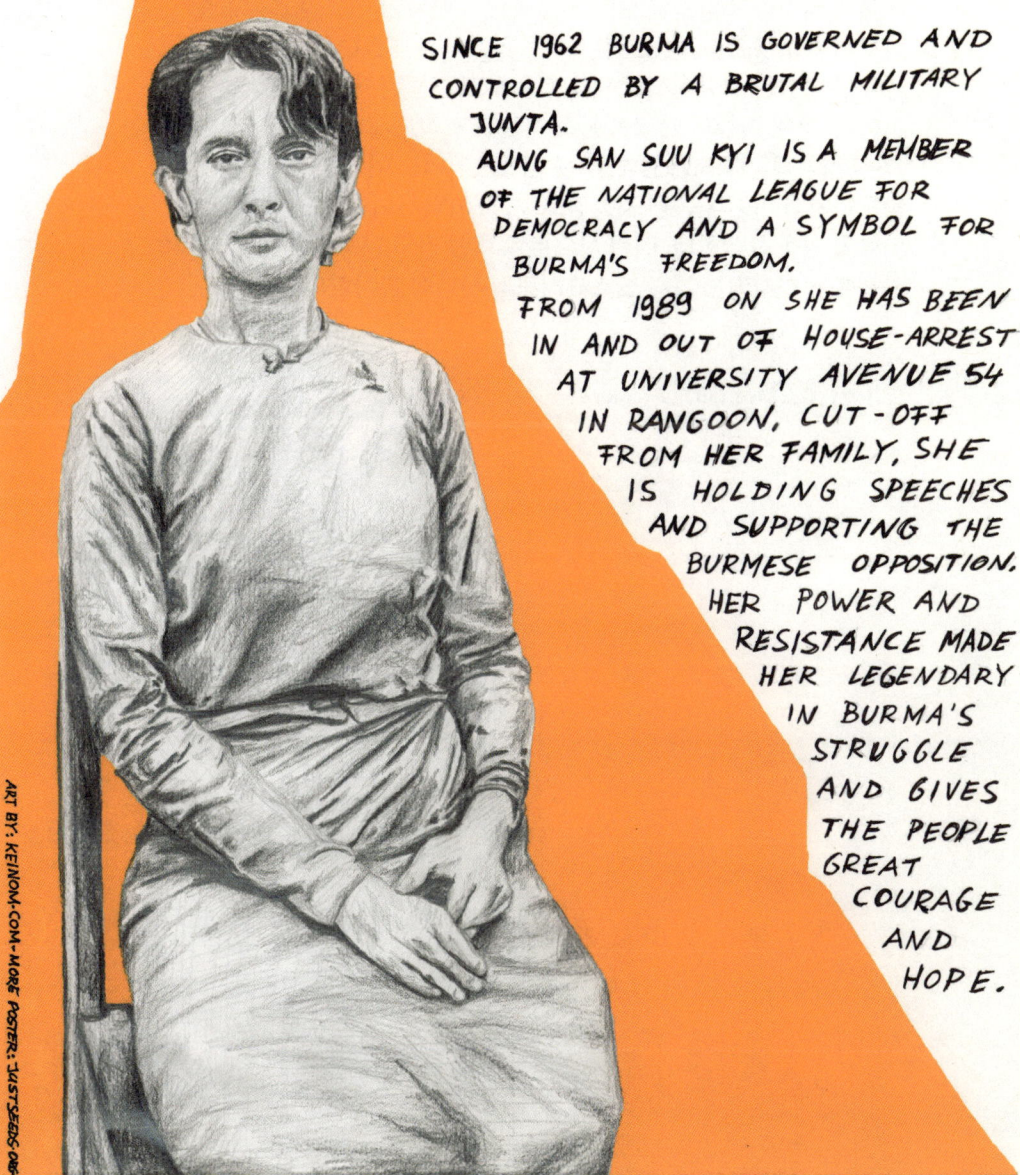

자나 산스크리티

자나 산스크리티 Jana Sanskriti (벵골어로 '민중문화'라는 뜻)는 인도의 민속연극을 아우구스토 보알 Augusto Boal (브라질의 연극감독)의 피억압자 연극과 결합시킨다. 배우는 자기 마을에서 연극을 하면서 가부장제, 성차별, 알코올의존증, 종교의 헤게모니, 제국주의, 정치적 부패 등 농촌 사회의 문제점을 형상화하고, 관객은 무대의 피억압자 역할을 맡아 연기하면서 억압을 깨뜨리고 상황을 바꾸려고 노력한다. 이런 '역할극'은 현실의 예행연습이다. 지역사회 전체가 다양한 시각에서 문제를 파악하고 가능한 대안을 모색하는 것이다. 무대 위에서 연극을 통해 시험하고 작동해본 생각은 그 후 일상생활에 적용된다. 자나 산스크리티는 여러 번 마을을 방문하면서 이런 활동을 강화하고, 자기 지역사회의 요구에 답할 더 많은 역할극 팀을 육성한다. 이런 식으로 수백만 명의 민중이 억압을 타파하고 사회를 변화시키는 자나 산스크리티의 사업에 참여한다.

아트워크
모건 앤드루스 Morgan F. P. Andrews

JANA SANSKRITI
FORUM THEATER IN INDIA

JANA SANSKRITI (Bengali for "People's Culture") mixes Indian folk theater with the political action of Augusto Boal's Theater of the Oppressed. Teams of actors perform plays in their villages, enacting the problems of rural society—patriarchy, sexism, alcoholism, religious hegemony, imperialism, political corruption—then each audience member has the opportunity to take the place of an oppressed character onstage, replaying a scene and trying to change the situation by breaking the oppression. This "Forum Theater" is a rehearsal for reality: the entire community sees issues from many perspectives along with their possible alternatives, and ideas that were tested and worked onstage can then be adopted into everyday life. By touring and returning to villages several times, Jana Sanskriti multiplies their movement, fostering more Forum Theater teams who answer the needs of their communities. In this way, millions of people participate in Jana Sanskriti's work of dismantling oppression and changing society.

CELEBRATE PEOPLE'S HISTORY

나르마다 바차오 안돌란

1989년 나르마다강 댐 건설에 반대해 나르마다 바차오 안돌란 Narmada Bachao Andolan(NBA, 나르마다구하기운동)이 결성됐다. 댐이 건설되면 수십만 명이 고향에서 쫓겨나게 되는데, 대부분 가장 하층 카스트 사람과 아디바시족이었다.

NBA는 단식 농성과 도로 점거 그리고 댐이 건설되는 장소를 향해 수천 명의 대중 행진을 이끌었다. 투쟁의 일환으로 많은 주민이 고향을 떠나지 않고 마을의 수몰을 거부했다.

NBA가 펼친 비폭력 저항은 세계은행으로 하여금 나르마다강 댐 건설 프로젝트에 차관을 제공하려던 계획을 철회하게 했다. 그러나 이 운동이 상당한 성공을 거두었음에도 인도 정부는 대형 댐 건설을 계속 강행하려 하고 있으며, 이에 따라 NBA 투쟁도 계속되고 있다.

아트워크
로빈 휼렛 Robin Hewlett

전국농민회총연맹

전국농민회총연맹(전농)은 전 세계의 농민과 연대해 WTO의 파괴적이고 무책임한 협상 정책에 반대한다. WTO는 항상 한국과 같은 개발도상국에 쌀과 같은 외국 농산물을 수입하게 하고, 자국 농산물에 보조금을 낮추도록 강요했다. 결과적으로 수많은 농민이 토지와 생계수단 그리고 수천 년의 전통을 잃었다. 2003년 9월 10일 멕시코 칸쿤에서 열린 WTO 제5차 각료 회의에서 농업 협상에 반대하며 존경받는 지도자의 한 사람인 이경해 열사가 자결함으로써 전국농민회총연맹이 세계적으로 알려졌다.[26] 전국농민회총연맹은 WTO의 무모한 개방주의와 부자 국가에 우호적인 국제화 세력에 맞서 반대 운동을 펼치고 있다.

아트워크
니콜 슐만 Nicole Schulman
더스틴 장 Dustin Chang

26
이경해 열사는 전농 회원이 아닌데, 외국에 잘못 알려지기도 했다.

THE KOREAN PEASANTS LEAGUE
전국 농민회

The Korean Peasants League fights in solidarity with the indigenous farmers of the world against the destructive policies of the World Trade Organization. Since its creation, the WTO has forced developing nations like South Korea to import foreign produce such as rice and cut subsidies to their own agriculture. In consequence, hundreds of farmers have lost their land, their livelihoods and thousands of years of traditions. On September 10, 2003 world attention was focused on the Korean Peasants League when one of their most respected leaders Lee Kyung Hae took his own life during a protest at the Fifth Ministerial of the WTO in Cancun. The League continues to struggle against the neoliberal agenda of the WTO and the forces of Globalization.

한국 전국농민회는 전세계의 농민들과 함께 WTO의 파괴적이고 무책임한 협상 정책에 반대 합니다. WTO는 항상 한국과 같이 발전하는나라들에게 필요없는 곡물, 쌀 등을 억지로 수입하게하고 정부보조를 낮추는 뿐만아니라 농민들의 전통적인 삶을 없애고 있읍니다. 2003년 9월 10일 Cancun, Mexico에서의 WTO모임때 이경해 열사의 자결로 한국의 전국농민회가 세계적으로 알려졌읍니다. 전국농민회는 계속 WTO의 무모한 개방주의와 부자국가 우호적인 국제화에 대한 반대 운동을 하고있읍니다.

CELEBRATE PEOPLES' HISTORY!

Order posters: www.justseeds.org | Korean Peasants League: http://ijunnong.net/ | Artist: www.nicoleschulman.com

세라 화이트와 델타 프라이드 파업

아프리카계 미국인이자 31세의 미혼모 세라 화이트 Sarah White는 메기 가공 공장의 흑인 여성 노동자로 구성된 역사적이고 성공적인 노동 파업을 조직했다. 델타 프라이드 Delta Pride 회사는 심각한 저임금, 안전하지 못한 노동 환경, 상상할 수 없는 장시간 노동 강요로 비난받고 있었다. 이 파업은 1991년 미시시피주 델타에서 일어났다.

아트워크
존 제닝스 John Jennings

적군파의 바이터슈타트 교도소 건설 현장 공격

1993년 적군파 Rote Armee Fraktion라는 독일의 게릴라 단체가 독일 바이터슈타트 Weiterstadt에 있는 새로운 최고급 보안 교도소 건설 현장을 폭격했다. 9000만 달러가 넘는 피해가 발생했고, 교도소 가동이 4년 연기됐지만, 심각한 인명 피해는 없었다. 이것은 적군파가 해산하기 전에 벌인 마지막 행동이었다.

"감옥 없는 사회를 위하여!"
— 1993년 3월 30일, 적군파 카타리나 하머슈미트 코만도 Katharina Hammerschmidt Commando

아트워크
조시 맥피 Josh MacPhee

사파티스타 민족해방군 EZLN[27]

땅과 자유.

아트워크
케이트 루셔 Kate Luscher

27
Ejecito Zapatista de Liberacion Nacional. 1994년 1월 1일 멕시코 치아파스주에서 무장 봉기를 일으킨 원주민 농민 조직. 원주민의 권익을 무시하는 멕시코 사회의 구조적 모순과 신자유주의 폭력에 맞서 투쟁했다.

미스틱 학살 조각상의 이동

미스틱 학살 Mystic Massacre은 1637년 5월 26일에 일어났다. 존 메이슨 대위가 이끈 영국인 정착민과 그들의 동맹 세력인 나라간세트족 및 모히간족은 미스틱강 근처의 피쿼트족 마을에 불을 질러 나무울타리를 넘어 탈출하려고 시도하는 사람을 모두 살해했다. 생존자 몇 명을 제외하고는 600–700명의 마을 주민 대부분이 살해됐는데, 주로 여성과 어린이였다. 이 만행은 과거 피쿼트족이 공격한 것에 대한 보복이었다. 피쿼트족은 한때 강력한 부족이었고 코네티컷강 동쪽의 모든 코네티컷 지역을 통제했다. 메이슨은 피쿼트족 학살이 신의 이름으로 정당화됨을 선언했다. 미스틱에서 메이슨과 나란히 싸웠던 나라간세트족과 모히간족 전사도 영국인의 이 같은 잔인함에 충격을 받았다. 피쿼트족 학살 현장에 1889년 존 메이슨의 동상이 세워졌다. 23톤 무게의 이 조형물은 아메리칸인디언과 지역사회 단체가 3년 동안 벌인 투쟁에 힘입어 1996년 미스틱에서 코네티컷주 윈저로 옮겨졌다.

아트워크
조스 산체스 Jos Sances

Celebrate Peoples' History

STATUE HONORING THE 1ST AMERICAN COLONIAL MASSACRE MOVED

The Mystic Massacre took place on May 26, 1637, when English settlers under Captain John Mason, and Narragansett and Mohegan allies set fire to a Pequot village near the Mystic River, killing any victims who attempted to escape the wooden palisade. Except for a few survivors the entire village of 600 to 700, mostly women and children were murdered. This was done in retaliation for previous Pequot attacks. The Pequot Indians, once a powerful tribe, controlled all of Connecticut east of the Connecticut River. Mason declared that the holocaust against the Pequot was justified in the name of God. The Narragansett and Mohegan warriors who had fought alongside Mason at Mystic were horrified by the brutality of the Puritan English. This statue of John Mason was erected in 1889 on the site of the Pequot massacre. The 23–ton monument was relocated to Windsor, Connecticut in 1996 from Mystic, after a three–year struggle by Native Americans and community groups to have it removed.

코차밤바 물 전쟁

"물은 우리 것이야!"

1999년 세계은행의 압력을 받은 볼리비아 정부는 밀실 협상을 통해 볼리비아에서 세 번째로 큰 도시 코차밤바 Cochabamba의 상수도 시설을 벡텔 Bechtel을 포함한 다국적 투자 기업에 매각했다. 하룻밤 사이에 빗물과 뒷마당의 우물을 포함해 물 사용에 소득의 25퍼센트를 지불해야 하는 상황이 발생했다. 수천 명이 거리로 나섰다.
곧 볼리비아에는 계엄령이 선포됐다. 하지만 사람들은 해외 활동가와 함께 압력을 행사해 벡텔을 볼리비아에서 몰아냈다. 벡텔은 '예상 수익 손실'을 근거로 볼리비아 정부에 2500만 달러의 배상을 요구했지만, 코차밤바 민중은 거대기업을 물리치고 삶에 가장 필요한 자원인 물에 대한 통제권을 되찾았다.

아트워크
스운 Swoon

J18[28], 자본주의에 맞선 카니발

가면을 쓴 1만 2000명의 시위대가 런던 도심(금융지구)을 강타했다. 정오에 시위대는 리버풀 거리의 역에 모여 각기 다른 색 깃발에 따라 다섯 무리로 나눠 이동했다. 오후 2시에서 3시 사이에 시위대 행렬은 LIFFE(런던국제금융선물·옵션거래소)에 집결했다. 월브룩강의 해방을 상징하는 소화전이 터졌다. LIFFE 건물 입구가 막혀 있어서 시위대 무리는 리셉션 구역을 지나 주식거래시장에 접근할 수 없었다. 그날 경찰과 맞서게 되는 상황이 벌어졌지만, 결국 시위는 트라팔가 광장에서 평화적으로 끝났다. J18은 시애틀 N30, 프라하 S22, 제노바 G8(Group of Eight) 시위 등 거대한 반자본주의 시위 물결에서 맨 처음 일어난 시위였다.

아트워크
에드 볼드리 Edd Baldry

28
1999년 6월 18일.

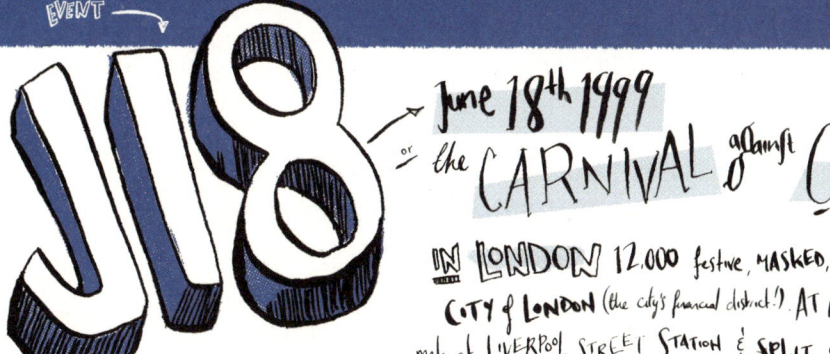

10,000 take to the street in London; Thousands blockade a SHELL Refinery in Nigeria; not to mention the PUPPETS in San Fransisco; beach 'PARTY' in Barcelona PLUS other actions in 40 other cities around the GLOBE. YES it could ONLY be one EVENT →

J18 — June 18th 1999
or the CARNIVAL against CAPITALISM

IN LONDON 12,000 festive, MASKED, PEOPLE STORMED the CITY of LONDON (the city's financial district!) AT MIDDAY protesters met at LIVERPOOL STREET STATION & SPLIT into five (5) different PROCESSIONS following DIFFERENT coloured FLAGS. BETWEEN 2pm & 3pm the MARCHES CONVERGED on the LIFFE (LONDON INT'L FINANCIAL FUTURES EXCHANGE). A FIRE HYDRANT was set off to SYMBOLISE THE FREEING of the Walbrook river. THE LOWER ENTRANCE to the LIFFE building was BRICKED up before another group RAN in & SMASHED up the RECEPTION AREA before TRYING to GAIN ACCESS to THE TRADING FLOOR. THE REST OF THE DAY was spent in RUNNING BATTLES w/ the COPS BEFORE ending peacefully 'N TRAFALGAR SQUARE...

J18 was the FIRST in the LINE of HUGE ANTI-CAPITALIST PROTESTS such as N30 in SEATTLE, S22 in PRAGUE & the G8 protests in GENOA...

CELEBRATE PEOPLE'S HISTORY

POSTER BY: EDD (LAST HOURS) LASTHOURS.ORG.UK

비에케스 해방

1941년 미국 해군은 비에케스 Vieques섬(푸에르토리코)의 75퍼센트를 수용했다. 이곳 주민은 섬의 좁은 구역에서 살게 됐고, 나머지는 폭격 지대로 바뀌었다. 이후 60년 동안 미국 해군은 배에서 폭격을 했고, 비행기에서 네이팜탄을 투하했으며, 열화 우라늄탄을 터뜨렸고, 해변에서 모의 상륙 훈련을 하고 무기 제조업체의 탄약 실험을 허가했다.

1999년 4월 19일 미국 해군이 500파운드의 폭탄을 다비드 사네스에게 떨어뜨리면서 모든 상황이 변했다. 기지에서 일하던 비에케스 주민 사네스는 폭격으로 즉사했다. 다음 날 일군의 활동가가 미국의 행위에 항의하고 사네스를 추모하기 위해 제한 구역으로 들어갔다. 그들 중 한 사람인 티토 카야크는 해군기지에서 야영을 하며 밤을 새웠다.

이틀 뒤 열다섯 척의 시위대 보트가 되돌아와 몬테 다비드 캠프(야영지)를 세웠다. 이 캠프는 나중에 미군 기지를 폐쇄하게 만든 열네 곳의 캠프 중 첫 번째 캠프다. 해군이 이 캠프를 파괴하자 시민불복종 캠페인이 벌어졌고, 이 과정에서 1000명이 넘는 사람이 체포됐다. 푸에르토리코 역사상 최대의 정치 시위였다. 미국 해군은 2003년에 기지를 폐쇄했지만, 이곳 주민은 섬에서 해군의 잔류 독성분을 완전히 제거하기 위해 여전히 투쟁하고 있다.

아트워크
데이브 부첸 Dave Buchen

In 1941, the US Navy expropriated 75% of the island of Vieques. The residents were forced to live in a narrow swath of land while the rest was turned into a bombing range. For the next six decades, the Navy launched bombs from ships, dropped napalm from planes, fired depleted uranium shells, staged mock invasions on the beaches and rented out the island to arms manufacturers to test their munitions.

On April 19, 1999, that all changed when the US Navy dropped a 500 lb bomb on David Sanes, a Vieques resident who worked on the base, killing him instantly. The next day a group of activists entered the restricted zone as an act of remembrance and resistance. One of them, Tito Kayak, spent the night camped out on the naval base.
Two days later, 15 boats of protesters returned and built Campamento Monte David, the first of what would be 14 encampments which shut down the base. Their dislodgement by the Navy launched a campaign of civil disobedience in which over 1,000 were arrested and the largest political demonstration in the history of Puerto Rico.
The Navy closed the base in 2003, but the residents are still fighting to have their island fully cleaned of the Navy's toxic remains.

샌프란시스코 봉쇄

2003년 3월 20일 바그다드에 폭격이 시작되자 수천 명의 미국인이 샌프란시스코의 거리로 몰려나와 금융 중심지를 봉쇄했다.

"폭격이 시작되면 미국이 멈춘다."

전쟁중단직접행동 Direct Action to Stop the War (지역운동 단체와 사회 정의 단체 그리고 반전 단체 등 광범위한 부문의 단체가 참여한 반권위주의 연대체)의 조정을 통해 조직된 시위 군중 약 1만 5000명이 샌프란시스코 중심가를 메웠고, 거리와 교차로를 봉쇄했으며, 전쟁 기업과 정부 건물을 공격했고, 군인 모집 사무소와 기타 시설을 파괴했다.

시위는 며칠 동안 계속되다가 결국 잦아들었지만, 2200명이 체포됐다. 비록 샌프란시스코 봉쇄는 끝났지만 이라크 전쟁은 끝나지 않았고, 저항은 계속되고 있다.

아트워크
프렌들리 파이어 공동체 Friendly Fire Collective

섀넌 공항의 보습[29]

힘없는 보통 시민은 미국이 주도하는 전쟁 기계와 이라크 전쟁을 저지할 수 없는가? 아일랜드의 평화 활동가가 벌인 놀라운 두 번의 저항에 따르면 그럴 수 있다. 2003년 1월 29일 50세의 간호사이자 네 자녀의 어머니인 메리 켈리 Mary Kelly는 섀넌 공항이 미군의 연료 공급 기지로 이용되는 것에 반대하기 위해 도끼로 전투기의 뾰족한 머리와 연료 공급선을 파괴했다. 일주일도 안 돼서 가톨릭노동자회 회원 다섯 명으로 이뤄진 핏 스톱 플라우셰어 Pit Stop Ploughshares가 섀넌 공항에 몰래 들어가 미국 해군기를 가정용 도구로 공격해 250만 달러 상당의 피해를 입혔다. 디드러 클랜시 Deidre Clancy, 뉴인 던롭 Nuin Dunlop, 캐런 팰런 Karen Fallon, 키애런 오라일리 Ciaron O'Reilly, 데이미언 모런 Damien Moran은 체포돼 리머릭 교도소에서 각자 4-11주 동안 복역했다. 그들은 세 번 재판을 받았고, 결국 무죄로 석방됐다. 더블린의 배심원단은 그들이 이라크와 아일랜드에서 생명을 구하기 위해 행동했다는 것을 고려해 그들의 행동이 정당하다고 판결했다.

아트워크
니컬러스 램퍼트 Nicolas Lampert

[29]
전쟁 무기를 보습(쟁기)으로 만든다는 뜻으로, 평화를 상징한다.

아텐코를 사수하라

"도시가 일어난다!"

멕시코 산살바도르아텐코 San Salvador Atenco는 중앙정부에 맞선 오랜 저항의 역사를 갖고 있고, 그 기원은 1910년 멕시코혁명 이전으로 거슬러 올라간다. 2001년 대부분 소농이었던 아텐코 주민은 토지수호민중전선 FPDT을 조직했고, 전 대통령인 비센테 폭스가 이곳에 새 국제공항을 건설하려 하자 농토 강탈에 맞서 저항했다. 농민이 우위를 점하면서 이 운동이 태어났다.

2006년 이 단체는 월마트 개장에 맞춰 경찰에 의해 강제로 거리에서 쫓겨난 텍스코코의 꽃 상인 보호 투쟁에 나섰다. 마체테(사탕수수를 자르는 큰 칼)를 휘두르면서 투쟁하는 이들의 저항은 멕시코에서 민중 투쟁의 상징이 됐다. 시위대는 국가의 공격 대상이 됐고, 최소한 열다섯 명에 이르는 꽃 상인과 토지수호민중전선 지도자가 최고의 보안 감옥에 수감되는 도합 500년의 징역형을 선고받았다. 토지수호민중전선 회원과 다른 아텐코 활동가는 민중의 자유를 위해 투쟁하기로 결의했다. 그들의 투쟁을 지지하자!

아트워크
멜러니 세르반테스 Melanie Cervantes

Atenco Aguanta
EL PUEBLO SE LEVANTA
CELEBRATE PEOPLE'S HISTORY

San Salvador de Atenco has a long history of resistance to the central government, dating from before Mexico's Revolution of 1910. In 2001, Atenco villagers, mostly small farmers, organized the Peoples' Front for Defense of the Land and stopped former President Vincente Fox from grabbing their farmlands for the construction of a new international airport. When they prevailed, a movement was born.

In 2006, this group spearheaded the defense of the flower vendors of nearby Texcoco, who were forcibly removed by police from the streets in order to prepare for the coming of a Wal-Mart store. Wielding their machetes, the people's resistance became a symbol of popular protest in Mexico. The resisters were targeted by the State and at least 15 prominent flower vendors and leaders of the Peoples' Front were sentenced to a combined 500 years in maximum security prison.

Members of the Peoples' Front and other Atenco activists are determined to fight for their people, and their freedom. Support their struggle! For more information: http://atencofpdt.blogspot.com.

DESIGN BY MELANIE CERVANTES • MORE POSTERS AT JUSTSEEDS.ORG

PRINTED AT STUMPTOWNPRINTERS.COM • MAY 2009

와하카 여성의 저항

2006년 멕시코 와하카에서 울리세스 루이스 주지사의 억압적인 신자유주의적 정권에 저항하는 봉기가 일어나 와하카 의사당을 6개월 동안 점거했다. 이때 여성은 바리케이드를 유지하고 자발적으로 TV와 라디오 방송국 점거 같은 전투적 대중 행동을 조직하는 데 핵심 역할을 했다. 국가와 민간 무장 집단의 폭력, 강간, 운동 조직 내부의 남성 지배적 영역을 반대하고 와하카 여성 스스로 조직하면서 억압적 성역할은 바뀌었다. 이들 여성 혁명가는 강력한 개인적, 집단적 변혁 과정을 겪으면서 가족, 국가, 세계경제 내부의 억압 기반을 위협했다. 이들은 냄비 두드리며 행진하기 등의 전술을 활용했고, 경찰이 진압 과정에서 성폭력을 자행하는 것에 대응해 거울로 빛을 반사하여 연방경찰 저지선에 "우리는 강간범"이라고 쓰기도 했다.

아트워크
팀 시몬스 Tim Simons
바루차 칼라미티 펠레르 Barucha Calamity Peller

OAXACA 2006: WOMEN'S RESISTANCE

En el 2006, el levantamiento que se dió en Oaxaca, México contra el régimen represivo y neoliberal del gobernador Ulises Ruíz ocupó la capital del Estado por más de 6 meses. Las mujeres jugaron un rol primordial, manteniendo barricadas y organizando acciones espontáneas y directas como las ocupaciones masivas de canales de televisión y estaciones de radio. Los roles opresivos de género cambiaban, las mujeres oaxaqueñas se organizaban de manera autónoma en la cara del estado y de la violencia de los paramilitares, las violaciones y la oposición de las esferas predominantemente masculinas del movimiento. Estas revolucionarias desataron un poderoso proceso de transformación personal y colectiva que amenazaba la raíz de su opresión dentro de la casa, el estado, y la economía global. In 2006, an uprising in Oaxaca, México against the repressive neoliberal regime of governor Ulises Ruiz occupied the state capitol for 6 months. Women played a key role, maintaining barricades and spontaneously organizing militant mass actions such as occupations of TV and radio stations. Oppressive gender roles shifted as Oaxacan women self-organized in the face of state and paramilitary violence, rape and opposition from male-dominated spheres of the movement. These revolutionaries unleashed a powerful process of personal and collective transformation that threatened the foundations of their oppression within the household, the state, and the global economy.

Celebra la Historia del Pueblo
Celebrate People's History

Durante el levantamiento, las mujeres utilizaron tácticas inovadoras como cazuelas y sartenes para hacer ruido así como espejos que sostenían frente a las filas de la policía federal con la leyenda: "Somos violadores" escrito a lo largo del reflejo como respuesta a la policía y su uso de las violaciones sexuales como táctica represiva. Women in the uprising utilized tactics such as noisy pots and pans marches as well as holding mirrors up to federal police lines with 'we are rapists' written across the reflections in response to the police's use of sexual violence as a repressive tactic.

GUERRERAS
DE LAS BARRICADAS

poster by Tim Simons in collaboration with Barucha Calamity Peller

EDO/ITT[30] 봉쇄

2008년 10월, 400명의 시위대가 영국 브라이턴에 집결해 공장 폐쇄를 요구하며 기업을 압박했다. 대학에서 폭탄 제조 공장까지 행진한 이들은 경찰 저지선을 돌파해 공장 뒤쪽으로 접근했고, 이후 시내로 행진했다.

아트워크
에드 볼드리 Edd Baldry

[30]
미국계 방위산업 다국적 기업. 영국 브라이턴에 있는 공장에서 생산된 무기로 이스라엘이 팔레스타인과 레바논을 폭격해 어린이가 사망하자 이에 항의해 시위가 벌어졌다.

이민자 단속과 추방에 맞선 청년의 저항

"즉각 단속을 중단하라! 아무도 불법적이지 않다!"

1968년은 세계 곳곳에서 대중에 의한 사회변혁이 일어난 해다. 그리고 그로부터 꼭 40년이 흘렀다. 그 당시 미국에서 벌어진 다양한 해방 투쟁을 돌아보니 그들의 조직화 노력에 자부심이 느껴진다. 그들의 공동체는 현재의 청년이 저항 투쟁을 계속할 수 있는 기반이 됐다. 오늘날 청년은 흑인해방운동, 치카노(나)운동, 아메리칸인디언운동 등 토지와 교육 그리고 평화와 자결을 위한 자유 투사들의 활동에서 영감을 받는다. 그리하여 그들이 쟁취한 것을 지키고 집단의 해방을 위해 더 조직적으로 투쟁하고 있다.

2006년 5월 1일 전국적 동원 이후 미국 이주민 공동체의 상황은 악화됐다. 동원의 영향으로 이민관세국 ICE의 단속이 전보다 더 강화돼 공포감을 조성했고, 사람들은 불의를 봐도 말할 수 없게 됐다. 2007년에만 27만 6912명이 미국에서 추방됐다. 2008년 10월 31일 청년들은 자신들의 힘을 보여주기 위해 샌프란시스코의 이민관세국 사무소를 봉쇄하기로 결정했다. 그들은 시민불복종 전술을 구사해 직접 행동으로 최소한 하루만이라도 이주민 공동체의 공포심이 덜어지길 바랐다.

아트워크
헤수스 바라사 Jesus Barraza

★★★★★★ CELEBRATE PEOPLE'S HISTORY ★★★★★★
¡ALTO A LAS REDADAS!
Stop The Raids Now!!!
Participate In The Youth-led Resistance Against The Immigration Raids And Deportations!

NO ONE IS ILLEGAL!!!

2008 marked the 40th anniversary of the mass mobilizations that were going on globally in 1968. Looking back at the various liberation struggles within the U.S. at that time, today's youth take pride in the organizing efforts of their elders—their communities that paved the way for the present youth to continue that same resistance. Youth today are inspired by the works of freedom fighters from the Black Liberation Movement, the Chicana/o Movement, the American Indian Movement, in their fight for land, education, justice, peace and self-determination. Today, youth continue organizing to keep what has been won and fight harder for their collective liberation.

Since the nationwide mobilizations of May 1st 2006, the conditions in immigrant communities have worsened. The repercussions of mobilizing have resulted in more Immigration and Customs Enforcement (I.C.E.) raids than ever before, to instill fear and to prevent people from speaking up against these injustices. In 2007 alone, 276,912 U.S. residents were deported.

On October 31st 2008 youth decided to show thier power and shut down the I.C.E. offices in San Francisco for the day. Using civil disobedience the youth demonstrated that direct action can stop the terrorization of immigrant communities if at least one day.

Design by Jesus Barraza • More Posters At Justseeds.org

Printed at Stumptownprinters.com • March 2009

제임스 볼드윈[31]

"미국에서 흑인 의식을 갖는다는 것은 항상 분노한 상태에서 살아간다는 뜻이다."
— 제임스 볼드윈 James Baldwin

[31]
124쪽의 포스터 이후 추가로 제작되었다.

카브랄

"우리 민중에게 아무것도 감추지 마라. 거짓을 말하지 마라. 어려움과 실수, 실패를 은폐하지 마라. 손쉬운 승리를 주장하지 마라."
— 아밀카르 카브랄 Amílcar Cabral (1924–1973). 정치이론가이자 전략가이며 농학자이고 기니-카보베르데 아프리카 민족당 지도자

아트워크
조시 맥피 Josh MacPhee

HIDE NOTHING FROM OUR PEOPLE. TELL NO LIES.
MASK NO DIFFICULTIES, MISTAKES, FAILURES. CLAIM NO EASY VICTORIES.
AMILCAR CABRAL 1924-1973   CELEBRATE PEOPLE'S HISTORY
POLITICAL THEORIST, STRATEGIST, AGRONOMIST, AND LEADER OF THE PARTIDO AFRICANO DA INDEPENDENCIA DA GUINE E CABO VERDE.

ART: JOSH MACPHEE   MORE POSTERS: JUSTSEEDS.ORG/PROJECT/CPH   PRINTED AT STUMPTOWNPRINTERS.COM   NOVEMBER 2015

코리타 켄트

코리타 켄트 Corita Kent는 급진적 교육자이자 스크린 프린팅 팝 아티스트였다. 활동가이자 선동가였던 켄트는 교육운동이나 여성운동을 넘어 민권운동, 반전운동, 페미니스트 비평, 발랄한 '몸의 정치학' 운동으로까지 나아갔다.

그녀는 학생에게 광범위한 영향을 끼쳤으며, 그녀의 작품은 새로운 세대의 사회 참여적 작가와 행동가에게도 계속 동기를 부여한다.

그녀는 1960년대에 로스앤젤레스 이매큘러트 하트 Immaculate Heart 칼리지의 미술대학장이었다. 그녀가 재임 중일 때 찰스 앤 레이 임스 부부 Charles and Ray Eames나 버크민스터 풀러 Buckminster Fuller 그리고 존 케이지 John Cage 등의 자유사상가가 학교를 방문하기도 했다.

아트워크
섀넌 제럴드 Shannon Gerard
메리 트레몬트 Mary Tremonte

가산 카나파니

가산 카나파니 Ghassan Kanafani (1936–1972)는 기자, 문학비평가, 소설가였다. 그는 팔레스타인 해방인민전선 PFLP의 대변인이었고, 팔레스타인의 투쟁에 대해 폭넓은 글을 썼다. 또 아니 회베르 Anni Høver와 함께 어린이와 교육의 권리에 노력을 집중했다. 그는 1972년 레바논 베이루트에서 암살됐다.

아트워크
자마 알-야드 Jamaa Al-Yad

작가 소개

나리타 게이스케
成田圭佑 Keisuke Narita
DIY 화가이자 잡지와 포스터를 혼자 출판하는 활동가이며, 디자이너. 일명 케이로 불리는 그는 일본 도쿄에서 '불규칙한 리듬 피난처(Irregular Rhythm Asylum)'라는 인포숍(Infoshop)을 운영한다.

니컬러스 램퍼트
Nicolas Lampert
미국 밀워키와 시카고에서 활동하는 다분야 예술가이자 작가. 그는 사회 정의와 생태를 주제로 작업한다. 그는 이동 DIY 정치예술 프로그램인 '드로잉 저항 Drawing Resistance (2001-2005)'을 공동 기획했고, 저스트시즈 예술가협동조합(Justseeds Artists' Cooperative)과 함께 일한다.

니콜 슐만
Nicole Schulman
만화가이자 포스터, 삽화가. 그녀의 작품은 «뉴욕타임스», «프로그레시브(Progressive)», «새 정치(New Politics)», «사타구니 잡지(Inguine Mah!Gazine)»(이탈리아) 등에 실렸다. 또 «삽화로 보는 제3차 세계대전(World War 3 Illustrated)»에도 실렸는데, 그녀는 이 잡지의 편집위원이기도 하다. 그녀 자신은 갤러리 업계로 진출하려는 시도를 별로 하지 않았는데, 다른 사람의 노력으로 그녀의 작품은 '장벽에 반대하는 세 도시 (3 Cities Against the Wall)' 전시회(뉴욕, 텔아비브, 헤브론에서 동시 전시)를 비롯해 이탈리아 라벤나의 지역미술박물관과 그 밖의 다른 여러 공간에서 전시됐다.

니콜라스 간츠
Nicholas Ganz
독일 에센에서 활동하는 프리랜스 사진작가, 작가, 화가. 2004년 첫 책인 «그래피티의 세계(Graffiti World)»를 출간했고, 2006년에는 «그래피티 여성(Graffiti Woman)» 그리고 2008년에는 «버마: 대안적 안내서(Burma: The Alternative Guide)»를 엘레나 요토브(Elena Jotow)와 함께 썼다.

대럴 게인-매캘러
Darrell Gane-McCalla
급진적 사회변화운동 예술가. 조각, 벽화 작업을 주로 한다. 1978년 미국 보스턴에서 남아프리카공화국 출신의 백인 어머니와 자메이카 출신의 흑인 아버지 사이에서 태어났다. 매사추세츠주 케임브리지에서 자랐고, 어린 시절 자메이카, 영국, 스위스에서 가족과 시간을 보냈다. 그녀는 삶을 기념하고 경계를 초월하며 위계와 억압에 저항하기 위해 예술을 그 토대로부터 도약시켜 창조적으로 활용할 수 있게 되기를 희망한다.

댄 버거
Dan Berger
미국 필라델피아에서 활동하는 작가이자 활동가이며 학자. 그는 «미국의 무법자: 웨더 언더그라운드와 공동체의 정치(Outlaws of America: The Weather Underground and the Politics of Solidarity)»의 저자이며, «숨겨진 1970년대: 급진주의의 역사(The Hidden, 1970s: Histories of Radicalism)»의 편집자, «청년 활동가가 보낸 편지(Letters from Young Activists)»의 공동 편집자다. 펜실베이니아 대학 애넌버그(Annenberg) 커뮤니케이션 대학원의 조지 거브너(George Gerbner) 박사후연구원이다.

더스틴 장
Dustin Chang
파트타임 예술가이자, 집에서는 풀타임 지정 요리사. 한국에서 태어나 1990년에 미국으로 이민 왔다. 요리학교에 보내려는 부모의 소망과 달리 영화 제작과 문학에 손을 댔다. 현재 영화도 만들고 글도 쓴다.

데이먼 록스
Damon Locks
그의 작품은 간단히 말해서 다층적이며 어둡다. 등장하는 사람과 그들의 문학적, 심리적 도시 경관이 시종일관 투쟁, 소요, 긴장이라는 주제와 엮여 있다. 작품을 좀 더 깊이 들여다보면 지역사회에 대응하고 그들과 소통하려는 시도가 드러난다. 이 목적에 도달하기 위해 그는 페인팅, 드로잉, 사진, 디지털 조작, 부조 인쇄, 실크스크린 등을 결합해 작업한다.

데이브 로웬스타인
Dave Loewenstein
미국 캔자스주 로렌스에서 활동하는 벽화가이자 작가이며, 판화가. 그의 지역사회 벽화 작업은 미국 전역에서 볼 수 있다. 그의 스텐실 판화는 전국에서 전시되고 뉴욕 공립도서관과 로스앤젤레스 정치그래픽 연구센터에서는 상설 전시 중이다. 저서로는 «캔자스 벽화: 여행자 가이드(Kansas Murals: A Traveler's Guide)»(공저)가 있으며, 이 책은 2007년 캔자스의 주목할 만한 책 상(Kansas Notable Book Award)을 받았다.

데이브 부첸
Dave Buchen
29세에 생일선물로 받은 목각 도구와 창고에서 발견한 오래된 리놀륨 깔판을 접목해 스토리텔링, 책 만들기, 포스터 인쇄 등이 결합된 작품을 만들어내기 시작했다. 푸에르토리코의 산후안에 살고 있는 그는 21세에는 연극계에 뛰어들기도 했다. 현재 그는 어린 딸과 함께 아파트를 서점으로 바꾸는 놀이를 하고 지내며, 이는 아주 괜찮은 아이디어로 보인다.

데이비드 레스터
David Lester
포스터 작가이자 그래픽 소설가. 그의 작품은 진 스미스(Jean Smith)의 글과 함께 «마그넷 매거진(Magnet Magazine)» 온라인판에 실린다. 그의 책 «자본주의의 섬뜩한 행위(The Gruesome Acts of Capitalism)»는 재판에 들어갔다. 그는 언더그라운드 록 듀오인 메카 노멀(Mecca Normal, Kill Rock Stars)에서 기타를 연주하기도 한다. ‹영감을 받은 선동가(Inspired Agitators)› 포스터 시리즈를 제작했고, 그래픽 소설 작업도 하고 있다.

딘 랭크
Dean Rank
미국 시카고에 사는 디자이너이자 영화 제작자. 그는 다양한 음악가, 큐레이터, 영화와 비디오 제작자와 각종 매체의 프로젝트에서 협력했다. 그의 영화와 비디오 작품은 국제 영화제, 예술 공간, 소극장 등에서 상영됐다. '유럽 미디어 아트 페스티벌(European Media Arts Festival)', '반물질영화제(Antimatter Film Festival)', '웩스너 예술센터(Wexner Center for the Arts)', '미니시네(Minicine)', '오로라 픽처 쇼(Aurora Picture Show)' 등이다.

딜런 마이너
Dylan A. T. Miner
미국 미시건 주립대학의 다문화 연구 조교수. 인디언 혼혈 예술가이자 활동가이기도 하다. 지식인인 마이너는 여러 학술지에 논문을 발표했고, 전 세계적으로 시각미술을 전시했다. 저스트시즈 예술가협동조합의 조합원이다.

라인 지엠바
Ryne Ziemba
작가이자 시각예술가. 11세에 그림을 그리기 시작한 그는 10학년 때 한 친구에게서 받은 «무정부주의 ABC(ABC's of Anarchism)»라는 책 덕분에 인생이 바뀌었다. 글과 시각예술, 음악과 영화를 통해 그는 비타협적 정치를 대중문화의 세계로 가져오려고 시도한다. 현재 미국 플로리다주 펜서콜라에서 경찰에게 살해된 소년에 관한 단편 다큐멘터리 작업을 하고 있으며, 두 번째 대본 작업을 끝내려는 중이다.

래리 서
Larry Cyr
그의 스텐실 작업은 그래픽디자인과 포토저널리즘을 배경으로 한다. 작업 주제는 대부분 정치사회 문제, 노동계급, 전쟁 등이다. 2006년 이라크에서 보병으로 복무했다. 현재 시애틀에서 백인 권투선수인 아내 버키(Buckey)와 함께 살고 있다.

러셀 하우즈
Russell Howze
어릴 때부터 마크 코트(Mark Cort)와 협동했고, 그와 함께 스토노 포스터를 창작하는 명예를 누렸다. 사우스 캐롤라이나주 출신인 러셀은 캘리포니아주 샌프란시스코에서 살면서 많은 창조적 프로젝트에서 일한다. 현재 그는 셀스페이스(Cellspace)라는 외벽 페인팅 프로젝트의 큐레이팅을 맡고 있고, 기회가 생기면 직접 페인팅을 한다. 그는 또 스텐실 아카이브(www.stencilarchive.org)를 운영하며, «스텐실 국가(Stencil Nation)»라는 책도 썼다. 이 책은 현재 매닉 D 출판사(Manic D Press)에서 3쇄를 찍었다.

레드아이
Redeye
일러스트레이터. «무정부주의 잡지(Anarchism Magazine)»를 비롯해 많은 잡지와 일한다. 그는 또 겔루크투(Guelhucthu)라는 실험적 소음 밴드에서 활동하기도 한다.

로라 화이트혼
Laura Whitehorn
시민운동가이자 활동가. 시민권운동 이후 급진 좌파가 됐고, 1970년대에 빈 여사* 그래픽 공동체(Madam Binh Graphics Collective)라는 반제국주의 여성예술단체에서 활동했다. 그녀는 나중에 미국의 인종주의와 식민주의에 맞선 전투적 투쟁으로 14년 동안 수감됐다.** 1999년에 석방된 그녀는 현재 미국 뉴욕시에서 파트너인 작가 수지 데이(Susie Day)와 함께 살고 있다. HIV/AIDS 잡지에서 일하며, 다른 정치범 석방을 위해 투쟁하고 있다.
* Nguyễn Thị Bình(1927–). 남베트남 민족해방전선의 대표로, 파리 평화회의에 참석했다.
** 1983년 미국 국회의사당 폭파 사건과 연루돼 20년형을 선고받았다.

로빈 휼렛
Robin Hewlett
미국 피츠버그의 아름다운 산골 출신 화가이자 조직가. 지난 몇 년 동안 로빈은 예술에 대한 헌신과 사회 정의를 연결하는 작업을 해왔다. 예를 들어 일리노이주 시카고에서 '백스토리 카페 & 소셜 센터(Backstory Cafe & Social Center)', '에어리어 시카고(Area Chicago)' 등의 프로젝트에 참여했고, 펜실베이니아주 피츠버그에서는 '절규하는 폭도협회(The Howling Mob Society)', 앨라배마주 요크에서는 '1마일 정원(One Mile Garden)' 등의 프로젝트를 진행했다.

로저 피트
Roger Peet
미국 오리건주 포틀랜드에서 활동하는 화가이자 판화가. 그는 저스트시즈 예술가협동조합과 플라이트 64 판화협동조합의 조합원이다. 그는 일반적으로 환경 파괴와 멸종 문제에 초점을 맞추어 작업한다.

로키 토비
Rocky Tobey
거리미술 설치가. 구두닦이 소년이던 1970년대에 이미 거리미술을 설치하기 시작했다. 그는 캐나다 토론토의 거리 기둥과 버려진 건물에 책, 동판, 콘크리트 부조, 제록스 포스터, 선전선동(agitprop) 게시판 등을 설치했다. 20년 넘게 그는 무정부주의자 공동체에서 포스터를 생산했다.

리카르도 레빈스 모랄레스
Ricardo Levins Morales
푸에르토리코 독립운동 중에 태어났고 젊을 때부터 사회 정의를 위해 투쟁에 참여했다. 그의 예술은 이런 투쟁 속에서 발전했다. 그는 30년 동안 예술/조직화 단체인 노스랜드 포스터 공동체(Northland Poster Collective)의 회원이었고, 현재는 미네소타주 미니애폴리스에서 점포 스튜디오를 운영한다. 그는 스스로 '치유 예술(Medicinal Art)'이라고 부르는 것을 실천하는데, 그것은 사람들이 자신의 힘을 인식하고 행사하도록 도와주는 예술이다.

린지 스타벅
Lindsay Starbuck
거리예술 활동가. 어린 나이에 꼬임에 빠져 예술을 포기하고 활동가가 되기로 마음먹었다. 지난 10년 동안 그녀는 비영리 부문에서 일하면서 맞닥뜨린 불합리함에 대한 치유책으로 예술을 다시 받아들였다. 그녀는 '새장에 갇힌 새 클럽(Caged Bird Club)'의 창립자이며, 피보(Pivo)라는 이름으로 거리예술 활동도 한다.

마라 코모스카
Mara Komoska
미국 뉴욕 브루클린에서 활동하는 교육가이자 활동가. 그녀는 2008년 이후 엘살바도르의 어머니위원회(Co-Madres)를 위해 엘살바도르와 브루클린에서 자원봉사 활동을 벌였다. 어머니위원회는 그녀를 미국의 공식 대표자 중의 한 명으로 지명했다. 그녀는 영감을 주는 이 역사적 풀뿌리 조직에 관해 개인과 단체를 대상으로 강연을 하기도 한다.

마크 넬슨
Marc Nelson
유화와 드로잉 작가. 미국 일리노이주 글렌엘린에서 태어나서 자랐고, 일리노이주 로크아일랜드의 오거스태나 칼리지(Augustana College)에서 미술 학사 학위를 받았으며, 웨스턴 일리노이 대학에서 미술 교육 교원자격증을 땄다. 그는 유화와 드로잉 작품으로 아이오와, 일리노이, 뉴욕에서 전시회를 열었다. 그의 작품은 전국의 공사 컬렉션에 등장한다. 마크와 그의 아내는 일리노이주 키와니에 살면서 작품 활동을 계속하고 있다.

마크 모스카토
Marc Moscato
미국 오리건주 포틀랜드에 사는 예술가이자 큐레이터, 활동가. 이곳에서 창조적 문화 센터인 딜 피클 클럽(Dil Pickle Club)을 운영한다. 마케팅과 커뮤니케이션 분야에서 10년 이상의 경력이 있고, 현대공예박물관, 포틀랜드 시티 클럽, 마이크로코즘 출판사, 주변부 생산물(Peripheral Produce), 삐걱거리는 바퀴(Squeaky Wheel) 등에서 일했다. 그 밖에 2001년에서 2003년까지 오리건주 유진에서 DIY 예술센터인 마이 하우스(My House)를 운영했다.

마크 코트
Mark Cort
그래픽디자이너이자 일러스트레이터. 미국 사우스캐롤라이나주 그린빌의 퍼먼 대학에서 학사 학위를 받았다. CNN에서 일했고, 조지아주 애틀랜타 예술 아카데미에서 가르쳤다. 그는 자연에 대한 사랑과 살아 있는 세계의 거의 완벽한 모양과 형태에 대한 날카로운 눈을 통해 창작물에 대한 영감을 발견한다.

메러디스 스턴
Meredith Stern
저스트시즈 예술가협동조합의 조합원. 그녀는 리놀륨 블록 인쇄로 평화와 조화를 통해 우주를 통합하려 하고, 드럼을 연주하면서 카오스를 창조하려 하며, 사람들이 춤을 출 때 디제잉을 하기도 한다. 미국 로드아일랜드주 프로비던스에서 고양이 두 마리 그리고 연인 피터 글랜츠(Peter Glantz)와 함께 살고 있다. 버섯을 재배하며, 시간이 나면 정원을 가꾼다.

멜러니 세르반테스
Melanie Cervantes
미국 샌프란시스코만 지역의 라틴계 화가. 정의운동의 비전을 선동, 동기 부여, 영감의 이미지로 해석한다. 그녀는 삽화, 그림, 스텐실 작업을 하지만, 정치 포스터로 가장 유명하다. 생동감 있는 색채와 손으로 그린 삽화를 이용하는 그녀의 작품은 주변의 존재를 중심으로 옮겨놓는다. 그녀는 예술가로서 자신의 목적은 영감을 주는 공동체에 되돌려줄 수 있는 작품을 만드는 것이라고 생각한다.

모건 앤드루스
Morgan F. P. Andrews
판화가이자 인형극 제작자. 요가와 피억압자 연극 워크숍도 한다. 내킬 때는 채식주의 식당을 운영한다. 《인형극 인터내셔널(Puppetry International)》, 《해방의 세계화(Globalize Liberation)》, 《재생산과 반란(Reproduce & Revolt)》, 《불가능 실현하기(Realizing The Impossible)》 등의 잡지에 글과 작품을 기고한다. 눈병과 시각장애를 작품에 반영하는 다른 화가의 이야기를 듣는 데 관심이 많다.

몰리 페어
Molly Fair
뉴욕에서 활동하는 화가이자, 저스트시즈 예술가협동조합의 조합원이다.

미리엄 클라인 슈탈
Miriam Klein Stahl
교육가이자 화가, 정원사이며, 어머니.

바루차 칼라미티 펠레르
Barucha Calamity Peller
작가이자 사진작가이며, 무정부주의자이자 조직가. 그의 사진과 분석은 카운터펀치(Counterpunch) 같은 대안 미디어와 독립미디어센터(Independent Media Center)를 통해 널리 알려졌다. 2006년 이스라엘-레바논 전쟁 당시 레바논 현지에서 보도를 했고, 그 직후 멕시코 와하카로 들어갔다. 그녀는 아주 위험한 상황에 뛰어들어 사진을 찍은 다음 탈출하는 것으로 유명하다. '늙은 노파와 거리에서 싸우는 젊은 아나코-펑크를 대조하는 사진 시리즈'가 대표적인 작품이다.

베스 풀치넬라
Beth Pulcinella
그녀는 공동체 예술의 인프라를 구축하는 데 집중하며, 자신의 창조적 에너지와 자원을 활용하는 다층적 기술을 이용한다. 그녀는 다락방 청년센터(Attic Youth Center), 스파이럴 Q 인형극단(Spiral Q Puppet Theater), 플레이셔 예술추모관(Fleisher Art Memorial), 남서부 커뮤니티 활성화센터(Southwest Community Enrichment Center), 필라델피아 미술박물관(Philadelphia Museum of Art) 등과 협력해 워크숍과

강의를 진행했다. 베스는 우리 사회의 주춧돌이라고 믿는 억압적 교육 모델을 폭로하는 데 창조적 에너지의 많은 부분을 사용했다.

벡 영
Bec Young
판화 제작자이자 인형 제작자, 섬유예술가이며, 일러스트레이터. 다양한 기술을 가진 예술가다.

벤 루빈
Ben Rubin
미국 뉴욕시에서 태어나 자랐고, 현재 아내 제시카, 아들 리오와 함께 시카고에서 살고 있다. 맬컴 엑스 칼리지에서 예술과 인문학을 가르친다. 오하이오주의 하이럼 칼리지에서 심리학 학사 학위를 받았고, 로마와 뉴욕에서 미술을 공부했으며, 아이오와 대학에서 회화 석사 학위를 받았다. 현재 그의 관심은 로버트 존슨(Robert Johnson)*처럼 기타 연주 방법을 배우는 것이다.
* Robert Leroy Johnson (1911–1938), 블루스 가수이자 작곡가.

보비 코르테스
Bobby Cortez
CHP 프로젝트의 첫 포스터에서 보비 코르테스와 블레이크 라일리는 캘리포니아의 농업 식품 노동자를 위한 돌로레스 우에르타의 활동이 갖는 지속적 영향에 경의를 표한다. 그들은 샌프란시스코에 살고 있으며, 우에르타의 집단적 작업의 혜택을 날마다 경험한다.

보프 웰리
Boff Whalley
영국 북부에서 태어났고, 인생의 대부분을 펑크 망명자로 살았다. 그는 밴드에서 노래하고 글을 쓰고 디자인하고 산을 타면서 생계를 유지한다(훌륭한 삶을 살고 있다). 현재 보노(Bono)*에 관한 만화책인 «모자 속의 거시기(The Twat in the Hat)»와 함께 «모든 자립 책은 거짓말(All Self-Help Books Lie)»이라는 책도 쓰고 있다.
* 록 밴드 U2의 리드 싱어. 아일랜드 출신이다.

브랜던 바워
Brandon Bauer
미국 위스콘신 출신의 다중 예술가. 그의 실천은 미디어에 대한 비판적 개입, 실험적 지도 제작 프로젝트, 협동 작업 등과 관련된 것이다. 그의 작품은 미국 전역에서, 또 해외에서도 전시됐고, DVD로 만들어졌으며, 여러 출판물에 삽화로도 사용됐고, 포스터로도 출판됐다. 그는 1996년 밀워키 예술디자인대학에서 회화 전공으로 학사 학위를 받았고, 2010년 위스콘신 대학 밀워키 캠퍼스에서 석사 학위를 받았다.

블레이크 라일리
Blake Riley
CHP 프로젝트의 첫 번째 포스터에서 보비 코르테스와 블레이크 라일리는 캘리포니아의 농업 식품 노동자를 위한 돌로레스 우에르타의 활동이 갖는 지속적 영향에 경의를 표한다. 그들은 샌프란시스코에 살고 있으며, 우에르타의 집단적 작업의 혜택을 날마다 경험하고 있다.

사녀 하일랜드
Sanya Hyland
활판인쇄업자이자 일러스트레이터. 미국 캘리포니아주 페털루마에서 태어난 그녀는 현재 보스턴에서 살고 있다.

산티아고 아르멘고드
Santiago Armengod
멕시코시티에서 활동하는 판화가. 작품을 통해 급진적 변화의 긴급성을 알리려 시도한다. 그는 저스트시즈 예술가협동조합, 거리의 분노(La Furia De Las Calles), 마크놉치나 해방구(Zona Autonoma Makhnovtchina), 동충하초공동체(Colectivo Cordyceps) 등의 프로젝트와 단체에서 대부분의 시간을 보낸다.

새브리너 존스
Sabrina Jones
미국의 만화가. 첫 번째 만화 작품을 «그림으로 보는 제3차 세계대전(World War 3 Illustrated)»에 발표했는데, 현재까지 기고하고 있다. 그녀는 ‹이사도라 덩컨: 그래픽 전기(Isadora Duncan: A Graphic Biography)›의 글을 쓰고 그림을 그렸으며, 여러 논픽션 만화를 «초보자를 위한 FDR와 뉴딜(FDR And the New Deal for Beginners)», «워블리! IWW의 그래픽 역사(Wobblies! A Graphic History of the Industrial Workers of the World)», «스터즈 터켈의 작업: 그래픽(Studs Terkel's Working: A Graphic)», «감옥의 진정한 비용 만화(The Real Cost of Prisons Comix)» 등에 실었다. 그녀는 현재 브루클린에 살고 있으며, ‹토요일 밤 생방송(Saturday Night Live)› 등의 프로그램에서 스튜디오 배경 그림을 그리기도 했다.

샘 커슨
Sam Kerson
이동 멀티미디어 예술가. 그는 1946년 매사추세츠주 노스애덤스에서 태어났고, 고더드 칼리지를 졸업했다. 로버트 피셔(Robert Fisher)와 함께 드로잉을 배웠고, 뉴욕과 부에노스아이레스에서 노먼 브리스키(Norman Briski)와 함께 일했다. 1976년에는 버몬트주 우스터에서 드래건 댄스 극단(Dragon Dance Theatre)을 세웠고, 드래건 댄스 미술감독을 맡았다. 그는 슬로바키아, 핀란드, 아르헨티나, 멕시코, 프랑스, 핀란드 등에서 예술가 전문 교육을 개최한다. 그는 벽화가이자 서적 예술가, 연극감독이며, 퀘벡의 아틀리에 프레스 파피에(Atelier Presse Papier)라는 예술 출판사에서 책 제작에 참여하기도 한다.

세라 마이스터
Sara Meister
미국 워싱턴주 올림피아의 에버그린 주립대학을 최근 졸업했다. 대학에서 비판교육학, 사회정치철학, 성과 성정체성, 이민 이론, 아방가르드 시, 구술사, 아카이브 연구 등을 공부했다. 피츠버그 출신인 그녀는 현재 프렌치 베이커리에서 일하고 있으며, 보모 일도 한다. 중학교 언어 교사가 되길 희망한다.

손 슬리퍼
Shaun Slifer
미국 피츠버그에서 활동하는 다분야 예술가. 그는 단독으로 작업하기도 하고 절규하는 폭도협회(Howling Mob Society)나 저스트시즈 예술가협동조합 등과 협력해서 일하기도 한다. 유기농 식물과 버섯 재배, 급진적 북아메리카 역사 연구가 취미다. 상당한 자전거 정비공이기도 하다.

손 질히니
Shawn Gilheeney
미국 로드아일랜드주 프로비던스에서 활동하는 화가이자 판화가. 그의 연구 대상인 퇴락하는 환경은 미국 산업혁명의 유물이다. 그는 추상화된 환경을 형상화하기 위해 자연과 인공을 뒤섞는다. 사회적, 환경적 요소는 필연적이며, 체제와 사회의 끊임없는 악화를 형성한다.

스운
Swoon
미국 브루클린에서 활동하는 예술가. 그녀는 도시의 허름한 벽에 다양한 형태로 실물 크기의 나뭇조각과 종이를 붙여 콜라주 작업을 했다. 여러 가지 대규모 설치물을 디자인해서 설치하기도 했는데, 그중 가장 유명한 것은 2008년 데이치 프로젝트(Deitch Projects)*의 '굽이치는 바다에서 헤엄치는 도시(Swimming Cities of Switchback Sea)'다. 그녀의 작품은 현대미술박물관, 브루클린 예술박물관, 테이트 모던 등이 수집했다. 대표작은 PS1, 예르바부에나 예술센터(Yerba Buena Center for the Arts), 검은 쥐 출판사(Black Rat Press) 등에도 전시됐다. 스운은 지난 몇 년간 미국은 물론이고 외국을 여행하면서 전시회와 워크숍을 열었다.
* 뉴욕의 큐레이터 제프리 데이치(Jeffrey Deitch)가 작업한 프로젝트.

아트 헤이즐우드
Art Hazelwood
판화가이자, 큐레이터이며, 선동가. 그는 2008년 민주주의의 예술(Art of Democracy)이라는 전국적인 정치예술연합을 공동으로 조직했다. 2009년에는 거리 부랑자 문제에 대한 예술가의 대응을 주제로 이동 전시회를 기획했다. 그의 작품은 정치적이고 풍자적이며, 때로는 문학적이다. 포스터에서 정밀 인쇄 작품집까지 다양한 형태로 만들어낸다. 그의 작품은 위트니 미국미술박물관, 의회도서관, 샌프란시스코의 ‹거리신문(Street Sheet)›에 실린다.

안드레 페레스
Andre Perez
트랜스젠더 공동체 조직가이자 청년 미디어 노동자. 미국 시카고에 살고 있다. 그는 트랜스젠더 구술사 프로젝트를 시작했는데, 이는 트랜스젠더 공동체 내에서 이야기를 모으고 공유하는 공동체 협력 프로젝트다. 그는 대학과 각종 회의에서 다양한 트랜스젠더 주제에 관한 워크숍을 조직한다. 현재 트랜스젠더 남성성과 성정체성에 관한 선집 작업을 하고 있다.

안톤 판 달렌
Anton Van Dalen
1938년 네덜란드 암스텔베인에서 태어났다. 그녀는 현재 미국 뉴욕시 이스트빌리지에서 살고 있다.

알렉 이키 던
Alec Icky Dunn
일러스트레이터이자 인쇄업자. 책과 레코드 커버, 정치 그래픽, 펑크 전단지 등을 디자인했다.

알렉산더 드위널
Alexander Dwinell
사우스 엔드 프레스(South End Press) 공동체의 편집자이자 출판인. 그는 미국 동부 해안도시에서 태어나 자랐다. 급진적 언어를 공유하고 사회변혁을 선동하기 위해 일하고, 루시 파슨스 센터(Lucy Parsons Center)의 회원이며, 다양한 활동가 단체나 사회단체와 함께 활동한다. 그의 예술 작품과 디자인은 벽, 레코드 재킷, 서적에서 볼 수 있다.

애덤 파누치
Adam Fanucci
그는 최근까지 평생 동안 시카고에서 살았다. 소프트웨어를 사용해 이미지가 실제보다 더 미학적으로 보이도록 하여 호소력 넘치는 작품을 만들었다. 그는 채식, 하키, 케틀벨, 동물권, 공정무역, 하드코어(hard core)와 침묵(정적)을 좋아하고, 술 담배는 하지 않는다.

앨리 리브스
Ally Reeves
미국 테네시주 출신 화가. 현재 인도 뭄바이에 살면서 활동한다. 리브스의 작품은 정보 공유, 권력 분산, 대안 경제 문제를 다룬다.

에드 볼드리
Edd Baldry
영국 런던에서 활동하는 급진적 일러스트레이터. 헤이 멍키 라이엇(Hey Monkey Riot)이란 별칭으로 불린다. 그는 2001년 «펑크 진(Punk Zine)»에 글을 쓰기 시작했고, 처음에는 «고약한 소식(Rancid News)»에, 최근에는 «마지막 시간(Last Hours)»에 글을 쓰고 있다. 2002년부터 런던에서 정치적 조직화를 위해 활동하고 있고, 소셜 센터 프로젝트와 함께 반전 활동에 집중하고 있다. 그는 '펑크 진 공동체'를 성장시키려는 노력으로 2005년 런던 펑크 진 심포지엄의 개최를 도왔다.

에런 레니에
Aaron Renier
만화작가. 첫 번째 책인 «스프링 제본(Spiral-Bound)»으로 아이스너 만화산업상(Eisner Comics Industry Award)을 받았고, 두 번째 책 «침몰하지 않는 워커 빈(The Unsinkable Walker Bean)»은 2010년에 출간됐다. 그의 삽화는 잡지 «펑크 지구(Punk Planet)»와 «니켈로디언(Nickelodeon)», 마이크로코즘 출판사의 서적 등에 다양하게 실렸다. 그는 또 이 출판사의 로고를 디자인하기도 했다. 현재 미국 일리노이주 시카고에서 반려견 벨루가와 함께 살고 있다.

에릭 '에록' 보어러
Eric 'Erok' Boerer
그는 제2의 고향으로 삼은 미국 펜실베이니아주 피츠버그에서 자전거 혁명을 위해 성인이 된 후 삶의 대부분을 보냈다. 자전거를 타지 않거나 어떻게 하면 많은 사람이 자전거를 타도록 할 것인지 생각하지 않는 시간에는 역사에 몰두하고 때로 역사를 표현하는 예술 작품을 만든다.

에릭 드루커
Eric Drooker
화가이자 그래픽 소설가. ‹홍수! 그림 소설(Flood! A Novel in Pictures)›, ‹피의 노래: 침묵의 발라드(Blood Song: A Silent Ballad)› 등의 그래픽 소설이 있다. 최근 ‹절규(Howl)›라는 애니메이션을 기획했다. 이 작품은 앨런 긴스버그의 서사시를 영화한 것으로, 드루커는 그와 함께 ‹삽화 시(Illuminated Poems)› 작업을 했다. 그의 그림은 «뉴요커(New Yorker)» 표지에 실렸고, 수많은 컬렉션으로도 나왔다. 정기적으로 인물화를 그리고, 곧 나올 책에 실릴 일련의 누드화 작업을 하고 있다.

에릭 루인
Erik Ruin
판화가이자 그림자 인형극 연출가이며, 편집자. 최근 편집한 책은 «불가능 실현하기: 권위에 맞선 예술 (Realizing the Impossible: Art Against Authority)»이다. 그는 최근 디스토피아적 알레고리 뮤지컬 ‹공허공장(The Nothing Factory)›과 같은 서사극 프로젝트를 창조하는 데 집중하고 있다. 드라마, 라이브 음악, 영상 프로젝션, 깃발 쇼 등을 결합해 총체적인 경험을 창출하는 작업이다. 시각예술가로서 그는 다른 예술가나 활동가와도 자주 협력해서 일한다.

에이프릴 서하이머
Aprille Thurheimer
판화가. 미국 시애틀에서 살고 있다.

이언 매킨타이어
Iain Mcintyre
호주 멜버른 출신의 급진파 역사가. 가장 최근에 낸 책은 «어떻게 트러블 메이커가 되어 사람들에게 영향을 줄 것인가: 오스트레일리아 전역에서 했던 장난, 속임수, 그래피티, 정치적 장난(How to Make Trouble and Influence People: Pranks, Hoaxes, Graffiti and Political Mischief Making from Across Australia)»이다. 그는 현재 지금까지와 마찬가지로 선동적인 작품의 미국판을 위해 자료를 모으고 있고, 호보(hobo) 작품집(1870–1940)을 마무리하는 중이다.

이언 와이스먼
Eian Weissman
일러스트레이터이자 작가. 현재 미국 필라델피아에서 살고 있다.

재닛 아타드
Janet Attard
자전거 스텐실 작가. 그녀는 1995년부터 계속 컴퓨터 속 자르기로 생성된 이미지를 가지고 자전거 역사의 이미지를 만들어낸다. 그녀의 작품은 여러 책에도 실리고 전 세계 단체의 전시회에서도 전시된다. 그녀의 최근 작품은 «자전거 전설(Cycling Legends)»로, 이 책에 ‹메이저 테일러(Major Taylor)›도 실려 있다.

재러드 데이비드슨
Jared Davidson
아나키스트이자 스크린 프린터. «이것은 매니페스토가 아니다: 아나코-디자인 실천을 향하여(This is Not a Manifesto: Toward an Anarcho-Design Practice)»의 저자이기도 하다. 자칭 역사광이다. 그는 고향인 뉴질랜드에서 사상 최초의 CHP 전시회 조직화를 도왔다. 그는 노동사 프로젝트를 기획했다. 다른 프로젝트에는 조 힐(Joe Hill)의 유해에 대한 연구로 참여했다. 뉴질랜드의 IWW이기도 하며, 기괴한 목판 작품도 만들고 있다.

제임스 데이비드 모건
James David Morgan
큰 파도 공동체(Groundswell Collective)의 공동 창립 회원. 이 공동체는 예술과 운동의 교차점에서 활동하는 비판적 문화 생산자가 만든 느슨한 단체다.

제프 스타크
Jeff Stark
«헛소리 뉴욕시(Nonsense NYC)»의 편집자. 주간 이메일 리스트로서 뉴욕시에서 독립예술 자원과 몰지각한 문화의 차이를 찾아낸다.

젠 카트라이트
Jen Cartwright
생물학과 대학원생. 고향인 미국 내슈빌에 있는 전통적으로 흑인 대학인 테네시주립대학에서 생태학을 가르친다. 그녀는 작은 농장에 살면서 양봉을 배우고, 돼지와 닭을 키우는 남편을 돕는다. 과거에 그녀는 지역사회 조직가로 활동하면서 이민자의 권리, 부랑자 문제, 사형제 폐지 등에 관해 열심히 일했다. 앞으로는 종이도 만들고, CHP 포스터도 더 많이 만들 계획이다. 그녀는 포스터가 사람들이 품은 최고의 아이디어를 표현한다고 생각한다.

조슈아 칸 러셀
Joshua Kahn Russell
직접 행동 교육자이자 활동가. 생태적 합리성과 인종 정의를 위한 캠페인을 벌여 자원 추출로 피해를 입는 지역사회를 지원하는 일을 한다. 그는 루커스 협회(Ruckus Society)와 함께하는 전략가이며, 현재 열대우림 행동 네트워크(Rainforest Action Network)의 풀뿌리행동국장으로서 석유·석탄 중독을 끝내기 위해 활동하고 있다. 그는 '당장 기후 정의를!(Climate Justice Now!)'과 같은 국제적 네트워크 활동도 한다.

조스 산체스
Jos Sances
디자이너이자 판화가, 벽화가. 1952년 8월 18일 미국 보스턴에서 태어났고, 본명은 존 조지프 산체스다. 그는 그래픽 연합(Alliance Graphics)의 설립자이자 미술감독이었는데, 이 단체는 1989년에 시작해 성공적인 노동조합 스크린 인쇄디자인 업체로

성장했다. 여러 해 동안 그는 수백 가지 진보적 의제를 위해 수천 장의 포스터와 티셔츠를 디자인하고 인쇄했다. 그래픽 연합 이전에는 1980년 미션 문화센터에서 '미션 그래피카(Mission Grafica)' 프로젝트를 공동으로 설립한 적이 있다.

조시 맥피
Josh Macphee
화가이자 큐레이터, 활동가. 현재 미국 뉴욕 브루클린에서 살고 있다. 그의 작품은 대부분 역사, 급진 정치, 공적 공간이라는 주제를 중심으로 한다. 가장 최근에 낸 책은 대러 그린월드(Dara Greenwald)와 공동 편집한 «변화의 징후: 사회운동문화(Signs of Change: Social Movement Cultures)»다. 그는 CHP 포스터 시리즈를 만들고 있으며, 정치예술단체에 속해 활동한다.

존 게르켄
John Gerken
밴드 '우리는 왜 그렇게 큰 배에서 살고 있나?(Why Are We Building Such A Big Ship?)'의 연주자. 오래된 잡지인 «나는 왜 텍사스의 이 지역을 싫어하는가?(I Hate This Part of Texas)»의 작가이기도 하다. 현재 미국 뉴올리언스에서 살고 있다.

존 아이작슨
John Isaacson
미니 만화책인 «방화광 (Pyromania)»과 «피드백(Feedback)»을 자비로 출판했고, 후자는 콘서트를 리뷰한 것이다. 2009년 그는 마이크로코즘 출판사와 함께 동부 해안 투어를 하면서 스크린 프린팅 워크숍을 열었다. 현재 그는 오리건주 포틀랜드에서 스크린 프린팅과 만화 만들기를 가르치고 있다.

존 제닝스
John Jennings
일리노이 대학 어배나-샴페인 캠퍼스의 그래픽디자인 조교수. 그의 연구와 교육은 대중적 시각미디어뿐 아니라, 아프리카계 미국인의 전형에 대한 분석, 해설, 해체에도 초점을 맞추고 있다.

캐런 피오리토
Karen Fiorito
판화 예술가이자 출판 경영자. 미국 필라델피아 출신이며, 현재 로스앤젤레스에 살고 있다. 그녀의 작품은 미국뿐 아니라 해외에서도 전시됐고, «미국의 예술(Art In America)», «필라델피아 인콰이어러(The Philadelphia Inquirer)», «허슬러(Hustler)», «위클리 (La Weekly)», «URB 매거진(URB Magazine)» 등의 여러 잡지에도 나왔다. 현재 미술판화 스튜디오이자 출판사인 부다 캣 프레스(Buddha Cat Press)를 운영한다.

캐리 모이어
Carrie Moyer
화가이자 작가. 그녀는 '다이크 액션 머신!(Dyke* Action Machine!)'의 파트너인데, 이는 사진작가 수 샤프너(Sue Schaffner)와 함께 시작한 공적 예술 프로젝트다. 그녀의 그림과 공적 프로젝트는 국내외에서 널리 전시됐다. 그녀는 «미국의 예술(Art In America)», «아트포럼(Artforum)», «브루클린 철도(Brooklyn Rail)» 등에 정기적으로 기고한다. 현재 로드아일랜드 디자인 대학원(RISD)에서 판화를 가르친다.
* 여성 동성애자, 특히 남성 역의 레즈비언을 말한다.

케이트 루셔
Kate Luscher
판화가. 2008년 미국 위스콘신 대학 밀워키 캠퍼스를 졸업하면서 판화 제작 학위를 받았고, 에스파냐어를 부전공했다. 그녀는 판화 작품으로 장학금과 여러 상을 수상하면서 인정받았고, 최근에는 '종이 정치와 명백한 희망(Paper Politics And Manifest Hope)'이라는 전시회에 작품을 전시했다. 이 전시회의 결과로 CHP 포스터를 제작하게 됐고, «오바마를 위한 예술: 명백한 희망을 위한 디자인과 변화를 위한 캠페인(Art for Obama: Designing Manifest Hope and the Campaign for Change)»이라는 책도 출판하게 됐다.

코트니 데일리
Courtney Dailey
오브제 제작자이자 프로젝트와 전시회 기획자. 현재 샌프란시스코의 새로운 집에서 활동하고 있다.

콜린 마테스
Colin Matthes
드로잉, 조각, 설치, 공공미술, 판화, 진 제작 등 다양한 매체에 걸쳐 작업하는 작가. 미국 위스콘신주 밀워키에 살고 있다. 그는 저스트시즈 예술가협동조합, 거리미술노동자(Street Art Workers), 컷 앤드 페인트(Cut And Paint) 잡지 등 집단예술 프로젝트에서 작업한다.

크리스 스테인
Chris Stain
판화 매체를 활용하는 독학 예술가. 그의 기술은 스텐실과 스크린 인쇄에 기초를 둔다. 1972년 미국 메릴랜드주 볼티모어에서 태어났다. 그는 처음에 뉴욕 지하철의 그래피티와 포스터 디자인에서 영감을 받았다. 수많은 노동자와 도시의 주제를 그의 작품에서 볼 수 있다. 그의 작품은 지역 박물관과 외국의 박물관 및 갤러리에서 전시됐다. 또 거리예술과 현대 도시문화를 주제로 하는 그의 작품은 여러 책과 잡지, 웹 사이트 등에 실렸다.

크리스토퍼 카르디날레
Christopher Cardinale
사회 정의의 메시지를 전달하는 만화가이자 공동체 벽화가. 뉴욕, 이탈리아, 그리스, 멕시코에서 전쟁과 기업 세계화에 반대하고 공동체의 가치와 사회경제적 정의를 추구하는 대규모 벽화를 그렸다. 현재 미국 브루클린에서 살고 있다.

크리스티 로드
Cristy C. Road
27세의 쿠바계 일러스트레이터이자 작가. 1996년 이후 펑크록, 문학, 급진 조직 매체에 기고하고 있다. 그녀는 독립 잡지인 «그린진(Greenzine)»을 10년 동안 발행했고, 세 권의 책을 출판했다. «파괴할 수 없는 (Indestructible)», «먼 거리는 마음을 병들게 한다(Distance Makes the Heart Grow Sick)», «나쁜 습관(Bad Habits)»이 그것이다. 그녀는 현재 그림과 새 소설을 구상 중이고, 펑크 밴드인 가정파괴자(Homewreckers)와 작업하고 있다. 뉴욕의 브루클린에서 살고 있다.

클러치
Klutch
클러치는 전 세계적인 비닐 레코드 페인팅 운동을 시작한 짓궂은 올드 펑크로 유명하며, 20년 이상 동안 시각적 장난을 창조해왔다. 일부는 언제 그만둬야 할지 아직 모른다.

클로드 몰러
Claude Moller
지역사회 조직가이자 예술가. 1985년 미국의 막대한 전쟁비용 지출에 항의하기 위해 첫 번째 스텐실 작품을 만들었다. 그는 주거 정의 단체를 위해 거리미술을 제작하고, 반여피 폭도(Anti-Yuppie Lynch Mobs)에 관한 공상을 즐긴다.

테일러 캐스 스티븐슨
Taylor Cass Stevenson
그녀는 사회에 의해 거부되고 버림받은 모든 것을 작품으로 만들어 경의를 표한다. 기본적으로 사회 통합과 경제발전을 위한 도구로서 재활용에 관심을 갖는 그녀의 작품은 완전히 버려진 물질을 섬세하게 다룬다. 예술적으로 그녀는 대부분 남아메리카의 공예, 이슬람의 디자인, 그래피디 등의 영향을 받았다. 그러나 사회적으로는 쓰레기로 생존하거나 쓰레기처럼 사회로부터 거부된 전 세계 사람에게서 영향을 받았다.

톰 시빌
Tom Civil
그래픽 디자이너. 독립 예술단체나 지역사회, 활동가 단체에서 주로 일한다. 거리예술과 벽화가 공동체 창조에 담당하는 역할에 큰 관심을 갖고 있다. 포스터, 잡지, 스티커 신문 등을 독립적으로 제작했고, 거리미술의 정치성에 대한 공개 강연도 한다. 그의 스텐실 작품은 여러 출판물과 영화에 실렸다. 그는 또한 오스트레일리아 멜버른의 급진적 출판사인 브레이크다운 프레스(Breakdown Press)의 공동 설립자이기도 하다.

팀 시몬스
Tim Simons
프리랜스 디자이너이자 일러스트레이터. 미국 캘리포니아주 오클랜드를 기반으로 활동하는 독학 그래픽 아티스트다. 그는 1999년 이후 사회운동과 문화 프로젝트를 위해 선전물을 창조해왔고, 출판·포스터 아트·로고 디자인을 포함한 인쇄 디자인을 전문으로 작업했다. 에버그린 주립대학에서 정치경제학과 커뮤니케이션을 공부했고, 급진 정치적 조직화와 창조적 그래픽 예술을 접목하는 프로젝트를 계속 추구하고 있다. 그는 과거 잉크웍스 출판사(Inkworks Press) 공동체의 일원이었다.

페르난도 마르티
Fernando Martí
미국 샌프란시스코에서 활동하는 화가이자 작가, 공동체 건축가, 활동가. 그의 판화, 삽화, 건축물은 제국의 심장 내에 있는 제3세계의 충돌을 탐험하며, 거주하는 장소와 무언가 변혁적인 것을 건설하기 위해 주장하는 공간 사이의 긴장을 부각한다. 샌프란시스코 판화공동체, 저스트시즈 예술가협동조합 등과 함께 작업한다. 시간이 있을 때는 아들과 이야기책을 해체해 포스터를 만들기도 한다.

프랭크 브래넌
Frank Brannon
애슈빌 북웍스(Asheville Bookworks)의 상임 제지 인쇄 전문가. 그는 미국 테네시주 메리빌에서 태어났고, 현재 근처인 노스캐롤라이나주 딜스보로에서 살고 있다. 앨라배마 대학의 북아트 프로그램으로 석사 학위를 받았다. 그의 최근 논문은 1828-1834년 북부 조지아에서 발행된 ‹체로키 피닉스› 신문에 대한 것이다. 현재 노스캐롤라이나주 체로키에 있는 오코날루프티 문화예술연구소(Oconaluftee Institute For Cultural Arts)와 함께 활판인쇄 스튜디오를 개발하는 중이다.

프렌들리 파이어 공동체
Friendly Fire Collective
강력하고 역동적인 급진 좌파의 건설과 지원에 대해 문제를 제기하고 검토하는 것을 목표로 2008년 샌프란시스코만 지역에 세워진 단체. 주변부(fringe)라는 한계를 돌파할 수 있는 급진적 대중교육을 추구한다. 새로운 청중과 운동에 다가가기 위해 미디어의 생산과 배급에 힘을 쏟고 있으며, 지역사회에서의 공간 창출을 위한 네트워크를 발전시키기 위해 노력하고 있다.

피터 콜
Peter Cole
웨스턴 일리노이 대학의 역사학 조교수. 미국 플로리다주 마이애미 교외에서 자랐다. 컬럼비아 대학과 조지타운 대학에서 공부했고, 쓴 책으로는 «부두의 워블리: 진보시대 필라델피아의 다인종 노동조합(Wobblies on the Waterfront: Interracial Unionism in Progressive-Era Philadelphia)»과 «벤 플레처: 흑인 워블리의 삶과 저작(Ben Fletcher: The Life and Writings of a Black Wobbly)»이 있다. 현재 연구 주제는 남아프리카 더반과 캘리포니아 오클랜드에서의 전투적 부두 노동자의 사회운동에 대한 영향을 검토하는 것이다. 그는 오래전부터 채식주의자이고, 자전거로 통근한다.

피트 얀크
Pete Yahnke
판화가. 미국 위스콘신주 북부의 산림 지역에서 자랐고, 독학으로 판화를 배웠다. 현재 커다란 리놀륨 조각에 이미지를 새기면서 시간을 보낸다.

헤수스 바라사
Jesus Barraza
미국 캘리포니아 출신의 활동가이자 판화가. 과감한 색채와 고대비 이미지를 이용하는 그의 판화는 캘리포니아 지역 공동체와 전 지구적 공동체 모두를 반영하며, 새로운 세계를 창조하려는 투쟁 속의 저항을 표현한다.
바라사는 수많은 지역사회 단체와 긴밀하게 협력하면서 이민자 권리, 주거, 교육, 국제 연대 등을 위한 투쟁을 시각화하는 판화를 창조하고 있다. 판화를 통해 바라사는 유의미한 이미지를 창조해 그 이미지가 지역사회의 손에 들어가면서도 전 세계로 뻗어나가게 한다.

훌리오 코르도바
Julio Cordova
밀워키 예술디자인대학 학생이자, 화가. 밀워키에서 태어나고 자랐다. 현재 판화, 드로잉, 유화, 설치미술, 비디오 등 다양한 매체로 작업한다. 그의 지역사회 활동과 사회 정의에 대한 헌신이 예술에 반영돼 있다. 현재 관심의 초점은 밀워키라는 도시 자체다. 이 도시가 어떻게 작동하고 있는지, 인종적 분리 문제는 없는지, 살 곳에 대한 사람들의 선택과 그 선택이 그들에게 미치는 영향 등에 대해 검토하고 있다.

이 책을 데어라 그린월드에게 바친다.

에이미 숄더와 페미니스트 프레스 출판사의 모든 사람이 이 프로젝트를 신뢰하고 결과물을 만들어낸 것에 감사한다. 포스터를 만들자는 원래의 생각은 내 생각이자 리즈 고스의 생각이기도 했다. 그녀가 없었다면 이 책은 존재하지 못했을 것이다. 린지 캐플런, 헤더 로저스, 에릭 트라이언태필루는 많은 시간을 들여 아이디어를 내고 편집을 도왔다. 모든 일을 함께했다. 클로드 몰러, 벤 루번, 손 슬리퍼, 대니얼 터커는 나와 함께 전국의 벽에 이 포스터를 붙이는 일을 열심히 했다. 게릴라 작전에 쏟아 부은 모든 시간에 대해 그들에게 감사한다. 수백 명이 자신의 손으로 이 포스터를 그리고 디자인하고 인쇄하고 전 세계에 붙였다.

앞으로도 더 많은 이들과 함께하기를 기대한다.